AUTORITÉ ET BIENVEILLANCE DANS L'ANIMATION DE GROUPES D'ENFANTS ET D'ADOLESCENTS

Julien Lavenu

AUTORITÉ & BIENVEILLANCE

dans l'animation de groupes d'enfants et d'adolescents

LaboPhilo

L'auteur

Professionnel de l'enfance depuis vingt ans, ex-enseignant, écrivain-philosophe, Julien Lavenu est formateur de l'Éducation Populaire, animateur d'ateliers de philosophie et auteur de la collection *J'anime !*

Pour joindre Julien Lavenu

julienlavenu@live.fr

Le site du LaboPhilo

www.labophilo.fr

Remerciements

Un immense merci à Lila Boudghassem pour sa relecture, son soutien et ses conseils avisés.
Un immense merci également à mes professeurs de philosophie de l'Université de Rouen, et à mes formateurs de l'Institut Universitaire de Formation des Maîtres de Mont-Saint-Aignan. Ce livre leur doit beaucoup.
Un immense merci enfin aux écoles, collèges, lycées et centres sociaux du Nord avec qui je travaille, à tous ces enfants qui m'apprennent tant.

Illustrations : Cirodelia – Fotolia.com

Sommaire

Avant-propos

Ce livre répond à un souhait. Celui de plusieurs lecteurs de J'anime ! *qui m'ont manifesté le désir d'avoir plus d'informations sur la question de l'autorité. Le petit guide* J'anime ! *avait en effet pour ambition d'aller à l'essentiel pour bien commencer dans l'animation. Bien que complet, son objet n'était pas de développer son propos sur la longueur, ce qui l'aurait rendu moins pratique sur le terrain.*

Le présent livre reprend donc le chapitre intitulé « Savoir se positionner devant un groupe *». Les différentes sections ont été développées et de nouvelles parties ont été ajoutées. Et, comme la recherche avance, mon propos a pu être modifié, ici ou là, afin d'être le plus proche possible de l'intérêt de l'enfant en fonction de ce que les sciences nous enseignent.*

Ce livre est dédié à toutes les animatrices et tous les animateurs que j'ai pu rencontrer, former, diriger, à qui j'ai appris et qui m'ont appris, et avec lesquels des liens d'amitié ont parfois été tissés.

Ce livre leur est dédié, ainsi qu'à tous les profes-

sionnels de l'animation motivés par l'amour de leur métier et du monde de l'enfance.

Introduction

« Vais-je réussir à imposer mon autorité au groupe ? »

Voici une question que tout éducateur[1] se pose lorsqu'il s'apprête à animer pour la première fois un atelier avec des enfants ou des adolescents. Et si ce n'est pas le cas, c'est une question à laquelle il lui faut tout de même réfléchir afin de ne pas pêcher par excès d'autoritarisme ou de laxisme.

L'autorité, contrairement à ce que l'on croit trop souvent, n'est pas une affaire d'instinct, de bricolage empirique ou encore de personnalité. Il n'y a pas, d'un côté, quelques rares privilégiés qui disposeraient de facultés innées au commandement et, de l'autre, une foule de malchanceux inaptes à se faire obéir. Cela s'apprend, comme toute chose.

Nous essaierons d'y voir plus clair dans ce livre à l'usage des professionnels de l'enfance (ou des parents

[1] La fonction d'animateur incluant celle d'éducateur, nous emploierons ces deux mots comme synonymes dans ce livre. Nous les utiliserons au masculin pour des raisons pratiques.

qui y trouveront également des réponses) et de donner, de manière très pratique, à la fois une pédagogie de l'autorité et des outils concrets facilement exploitables. Certains d'entre eux sont issus de la longue histoire de l'éducation, la plupart nous sont plus personnels, tous ont été éprouvés.

Chacun pourra, au fil de cette lecture, se soumettre à l'examen de sa propre sensibilité en matière d'exercice de l'autorité et, ce n'est pas interdit, tenter d'explorer des voies différentes, plus personnelles. Mais nous verrons que le thème se prête moins à la subjectivité qu'il n'y paraît. Les conclusions de la science dans ce domaine – celles de la psychologie comportementale et celles de l'étude du cerveau – se prêtent peu à la remise en cause.

Comme nous le verrons, ces études nous enjoignent à considérer concomitamment la question de la bienveillance et celle de l'autorité, et nous invitent à penser que, contrairement aux idées reçues, l'une et l'autre sont liées.

Nous verrons en quoi la bienveillance ne peut plus être ignorée des professionnels qui exercent auprès de mineurs, et en quoi sa pratique maîtrisée est un support indispensable non seulement au bien-être de l'enfant, à son épanouissement, à son émancipation, à sa construction mentale, mais également à l'efficience d'une autorité saine.

1
L'autorité bienveillante

De l'autorité, des règles, est-ce bien utile ?

La cellule familiale, la collectivité, la société humaine dans sa globalité comportent des règles auxquelles nous devons apprendre à nous soumettre sans les vivre comme une punition, mais, au contraire, dans la certitude que celles-ci nous préservent et garantissent notre liberté.

Le monde n'est pas « monde pour moi », nous en héritons, nous le partageons avec d'autres individus, avec d'autres espèces vivantes, et nous le transmettons à nos descendants. Nous avons cette responsabilité et nous ne pouvons donc pas en disposer à notre guise. Nous devons travailler pour gagner notre vie et obtenir ce que nous désirons, nous devons nous insérer dans une vie sociale épanouissante, nous devons nous adapter aux contraintes et aux lois de la nature. Cela conditionne notre sécurité physique et affective, cela conditionne notre survie même dans le monde.

Le psychanalyste Sigmund Freud appelle cela : se

confronter au *principe de réalité*. Il ne s'agit pas de renoncer totalement au *principe de plaisir*, mais d'apprendre à différer la satisfaction pulsionnelle qui réclame un résultat immédiat, par les voies les plus directes. Pour le dire dans des termes profanes : il s'agit d'assimiler l'idée que la satisfaction pure et simple de tous nos désirs nous est impossible compte tenu du fait que *nous ne sommes pas le nombril du monde* !

Qui plus est, vivre perpétuellement sous l'emprise de nos pulsions nous empêche de nous construire en tant qu'individus autonomes et sociables. Être Moi, *être libre*, ce n'est pas me laisser aller à mes désirs primaires, car ces derniers me gouvernent de l'intérieur et, sans contrôle, peuvent me pousser aux pires excès : le vol, l'agression sexuelle, la violence physique, etc.

Pour tout individu, gérer sa frustration, savoir contenir ses désirs, différer son plaisir, intégrer les règles de la vie collective, c'est en réalité se construire un Moi et utiliser l'énergie de la pulsion à des fins sociales, créatives ou artistiques : apprendre à jouer d'un instrument, entretenir des rapports d'amitié, s'engager dans une action solidaire, faire des études, s'épanouir dans l'exercice d'un métier, se cultiver, pratiquer un sport… Cela s'appelle la *sublimation*[2].

En ceci, le fait que notre entourage (parents, enseignants, animateurs…) nous impose des règles, fixe des limites ou des *interdits*, comme le dirait Freud lui-

[2] Processus de réorientation de l'énergie libidinale vers des objets non sexuels de valeur sociale plus élevée – voir Freud, *Trois essais sur la théorie sexuelle*, 1905.

même, nous permet le contrôle de nos pulsions, leur refoulement puis leur sublimation. Ainsi émerge notre personnalité, notre Moi, ce que nous sommes vraiment, c'est-à-dire autre chose qu'un petit animal capricieux et sans raisonnement seulement gouverné par ses passions.

Cette notion est essentielle et doit rester au cœur de toute démarche éducative : sans la pose d'interdits, sans le respect des règles de la vie sociale ou, pour le dire autrement, sans la constitution d'un Surmoi (ce petit gendarme intérieur qui nous informe que tout n'est pas permis), l'enfant ne deviendra jamais un être complet, autonome, riche intérieurement, capable de réinvestir son énergie dans des pratiques constructives (sociales, professionnelles, sportives, artistiques, culturelles), mais demeurera un être en manque, éternellement frustré, dans un perpétuel déséquilibre, en quête de plaisirs toujours plus grands et toujours moins satisfaisants[3].

Encore faut-il être capable, en tant qu'éducateur, d'imposer ces limites. C'est ici qu'interviennent les questions de l'autorité et de la bienveillance.

Mais on voit bien que l'affaire n'est pas anodine : dire « non », interdire les pratiques dangereuses ou inacceptables socialement, imposer des règles… sont

---

[3] Pour un exposé plus complet de la théorie freudienne, je vous renvoie à *J'anime ! Un guide pédagogique simple pour bien commencer dans l'animation socioculturelle auprès d'enfants et de jeunes.*

des principes éducatifs non négociables et indispensables, non seulement à la construction individuelle, mais également à la bonne marche collective. Il s'agit donc d'une mission éducative pleine et entière.

Il y a, fort heureusement, pléthore d'individus irréprochables sur le plan comportemental. Des êtres altruistes, serviables, non violents, doués d'un réel intérêt pour les autres, soucieux du bien-être collectif, respectueux de leur environnement et impliqués dans la défense des valeurs citoyennes. Pour autant, il est observable à différents plans de la société moderne que l'autorité pose problème à quelques personnes, tous âges et toutes classes confondus (inutile de stigmatiser quiconque, car nous sommes tous concernés), et que nombreuses sont celles qui ont du mal à accepter les règles les plus fondamentales d'une civilisation avancée. Pour beaucoup d'individus, ces règles sont incomprises, aliénantes, frustrantes et vécues comme des agressions personnelles. Incivilités et manquements aux règles du vivre ensemble sont légion et faciles à constater au quotidien, inutile d'en faire la liste, chacun y pourvoira. Sans s'arrêter à ce constat et tirer des conclusions définitives, à l'emporte-pièce, il faudrait être de mauvaise foi pour ne pas le reconnaître.

Qui incriminer ? Le laxisme des parents qui ne savent plus dire « non » à leurs enfants ? La déconsidération du métier d'enseignant qui n'est plus maître dans sa classe ? Le refus, sous couvert de démocratie, de toute forme de hiérarchie ? Le manque de sévérité de l'état à faire appliquer les lois ? La société de consommation qui manipule nos désirs ? Les réseaux sociaux qui nous donnent l'impression d'être le centre de monde ? L'accélération technologique qui nous rend impatients ?

Peu importe, les causes sont multiples, mais la mission de l'éducateur reste et demeure : pour lui apprendre à vivre avec les autres, pour l'aider à devenir un individu émancipé, sociable, stable émotionnellement et autonome, l'éducateur doit fixer certaines limites à l'enfant. Donc, faire usage de l'autorité.

Et la bienveillance dans tout ça ?

Si l'autorité peut se définir comme le pouvoir de commander aux autres et d'être, par conséquent, obéi ; elle résulte, dans le cas concret qui nous préoccupe, d'une légitimité et non d'un pouvoir arbitraire : l'animateur est *légitimement* en droit d'être obéi par les mineurs dont il a la charge. Il n'est pas à égal niveau de son public. Ce n'est pas un copain avec qui on peut négocier sur tout. Il est le référent, le garant du respect de la loi, ne serait-ce que pour des raisons élémentaires de sécurité. C'est lui qui tranche, prend les décisions finales et impose ce qui doit être imposé. Il est primordial que l'animateur soit conscient de sa position ascendante et qu'il verticalise sa relation au jeune public, lorsque cela est nécessaire.

Est-ce pour autant qu'il est en droit d'exiger des enfants tout et n'importe quoi, par n'importe quel moyen ?

Non, évidemment, sa limite à lui est celle de la législation et des différentes règles qu'il doit faire appliquer (nous les explicitons dans le prochain chapitre). Son *ascendant* sur le mineur est une grande responsabilité qui impose la plus grande vigilance et le plus grand professionnalisme.

Une autre limite qu'il doit s'imposer : celle de la méthode. Il n'est pas question d'obtenir gain de cause par tous les moyens, et exercer son autorité sur l'enfant ne signifie pas le soumettre. L'animateur doit faire usage d'une autorité mesurée, bienveillante.

Qu'est-ce à dire ?

Tout simplement que nous ne sommes plus à l'époque de Mark Twain, l'auteur des *Aventures de Tom Sawyer* (1876), et des cuisantes punitions corporelles que les instituteurs administraient aux enfants avec une joie sadique, à grands coups de canne ! Jusqu'à un passé récent, en France, la maltraitance et les humiliations étaient de rigueur dans l'éducation scolaire[4], et de manière parfaitement assumée – coups de règle et bonnets d'âne étaient considérés comme des méthodes pédagogiques efficaces. Les théoriciens de l'éducation du XXème siècle[5] auront progressivement contribué à mettre un terme à ces pratiques barbares

---

[4] Elles le sont hélas encore dans de nombreux pays.

[5] Pour un exposé approfondi des théories éducatives, je vous renvoie à la lecture du livre de Marcel Crahay, *Psychologie de l'éducation*, publié au PUF.

dans les écoles, et toutes structures accueillant des mineurs, notamment en affinant nos connaissances sur la construction psychoaffective de l'enfant – et des dégâts irrémédiables que peuvent occasionner les mauvais traitements sur notre psychisme.

La bienveillance, dans sa définition stricte, consiste à agir pour le *bien d'autrui*. Elle est synonyme d'altruisme et d'indulgence.

En termes éducatifs, on pourrait dire, pour reprendre les mots du Code civil, qu'agir avec bienveillance, c'est agir dans l'*intérêt de l'enfant*.

Extrait de l'article 371-1 du Code civil intitulé « De l'autorité parentale relativement à la personne enfant » :

> « L'autorité parentale est un ensemble de droits et de devoirs ayant pour finalité l'intérêt de l'enfant. »

Le problème de cet article est son manque de clarté. Qu'entend-on par *intérêt de l'enfant* ?

Selon sa sensibilité, chacun mettra ce qu'il veut derrière une formulation aussi abstraite. Car aucun parent sans doute n'a la même conception de l'*intérêt de l'enfant* et encore moins des *moyens pratiques* d'y satisfaire – on appellera cela la *pédagogie*.

Les pratiques de violence corporelle, dont nous venons de dire qu'elles n'ont plus cours dans les établissements éducatifs, ont-elles pour autant disparu des familles ?

Chloé n'est certainement pas une personne que l'on peut

qualifier de « mauvaise mère ». Elle a trois enfants de 4, 8 et 9 ans. Elle travaille à mi-temps dans un commerce. Elle se lève tous les matins à 5 heures pour s'occuper de la maison et gérer le planning de la journée (les rendez-vous chez le dentiste, les activités périscolaires, les courses…). Ses journées sont très bien remplies et elle a peu de temps à se consacrer à elle-même. Souvent sur le fil, fatiguée, elle n'a pas le loisir d'expliquer ses décisions à ses enfants et vise l'efficacité avant tout dans leur éducation : qu'ils travaillent bien à l'école, qu'ils mangent correctement, qu'ils soient polis et, surtout, ne se mettent pas en danger. Alors lorsque Zoé, sa fille de 8 ans, sort en trombe de son cours de tennis et se précipite sur la route sans regarder – et cela malgré les rappels de Chloé : « Surtout tu m'attends pour traverser ! » Chloé ne peut se retenir de la gifler. Bien sûr, elle le regrette un peu, mais ses arguments sont solides : « Zoé se met en danger, elle aurait pu se faire écraser, ça aurait été pire qu'une claque. De toute façon, Zoé n'écoute jamais : tant qu'elle n'a pas reçu une gifle, elle continue à n'en faire qu'à sa tête. » Quand elle leur en parle, la plupart de ses amies sont d'accord avec elle : « Oui, il y a des enfants qui provoquent jusqu'à ce qu'ils aient reçu une claque, c'est dans leur nature. » Sauf sa collègue Nora qui lui demande : « Mais, si Zoé n'écoute ce que tu dis que lorsqu'elle a reçu une claque, alors pourquoi continue-t-elle à ne pas t'écouter ? »

Gifler son enfant parce qu'il a traversé la route sans regarder, comme dans notre exemple, est pour de nombreux parents, une façon pédagogique d'agir dans son intérêt et faire montre de bienveillance à son égard (ne pas le laisser se mettre en danger).

Hurler sur un petit de 3 ans qui refuse d'aller faire la sieste, c'est aussi, pour certaines personnes, agir dans son intérêt (la sieste est indispensable pour la santé des petits).

Enfermer dans le noir, priver de nourriture, secouer par le bras, tirer les cheveux sont autant de mesures d'autorité parentale qui, selon les circonstances, seront considérées comme des actions dans l'intérêt de l'enfant.

Et les raisons ne manquent pas :

- « Il ne veut pas faire ses devoirs ! »
- « Elle embête sa sœur ! »
- « Il m'a manqué de respect ! »
- « Elle refuse de finir son assiette ! »
- « Il teste mes limites ! »

Etc.

Chez certains adultes, il est courant de considérer qu'il existerait de « bonnes fessées », par opposition donc à de « mauvaises fessées » (comme il y a les « bons » et les « mauvais chasseurs » dans la célèbre vidéo des Inconnus[6]) – reste alors à placer la frontière entre ce que serait une « bonne » et une « mauvaise » fessée. Doit-on se référer à l'intensité des coups, à l'instrument utilisé pour son administration, aux circonstances… ?

Il est important de rappeler qu'aujourd'hui, en France, deux enfants mourront suite aux mauvais traitements de leurs parents – des bébés, pour beaucoup,

---

[6] *La Télé des Inconnus*, 1991.

dont les parents ne supportent plus les pleurs et qui sont secoués avec une extrême brutalité. On estime à plusieurs dizaines de milliers le nombre d'enfants en danger en France (difficile d'avoir des statistiques précises). Il n'est donc pas question d'aborder ces sujets avec légèreté.

Notons que la Suède, qui a fait passer une loi contre les violences corporelles sur les mineurs en 1979, a fait chuter les chiffres de la mortalité infantile due aux maltraitances parentales pour les réduire à une quasi-nullité. Au moment où elle a été proposée, 70% des Suédois étaient opposés à cette loi. Ils sont aujourd'hui 92% à l'approuver.

En France, il était question de modifier l'article 371-1 et d'y ajouter la partie en italique :

> « L'autorité parentale est un ensemble de droits et de devoirs ayant pour finalité l'intérêt de l'enfant. Elle appartient aux parents jusqu'à la majorité ou l'émancipation de l'enfant pour le protéger dans sa sécurité, sa santé et sa moralité, pour assurer son éducation et permettre son développement, dans le respect dû à sa personne, *et à l'exclusion de tout traitement cruel, dégradant ou humiliant, y compris tout recours aux violences corporelles.* »

Le Conseil constitutionnel a censuré cette modification, pourtant adoptée par le Parlement en décembre 2016, estimant qu'elle n'avait pas sa place dans cette loi. Elle n'a donc pas été ajoutée. On peut le regretter, car elle avait le mérite de mettre un peu de corps dans cette succession d'abstractions sujettes à toutes les interprétations possibles, avec les conséquences que l'on vient de rappeler.

Pour autant, rien ne nous empêche de nous approprier cette modification caduque et de l'utiliser pour mieux comprendre ce que nous pourrions entendre par « autorité bienveillante ». Elle y répond même parfaitement.

Nous pourrions donc donner cette définition qui servirait de base à notre réflexion :

Agir avec une autorité bienveillante, c'est agir sans recourir à tout traitement cruel, dégradant ou humiliant, y compris les violences corporelles.

Chacun d'entre nous peut s'interroger sur ce que ces termes impliquent pour soi. Qu'entend-on par « traitement cruel, dégradant ou humiliant » et par « violences corporelles » ? Une fois de plus, il est probable que tout le monde ne soit pas d'accord sur l'étendue du terrain sémantique que ces mots recouvrent. Une « petite fessée » peut-elle être qualifiée de *traitement cruel, dégradant ou humiliant* ou même de *violence corporelle* ?

Si nous sommes dans le doute, les neurosciences répondront pour nous : oui, dans la mesure où n'importe quelle fessée, « petite » ou « grande », occasionne des séquelles observables sur le cerveau et bloque sa maturation[7].

Des centaines d'études réalisées partout dans le monde (en Amérique du Nord pour l'essentiel), des milliers d'observations sur des milliers de cas menées par des docteurs en biologie, spécialistes du cerveau, médecins, chercheurs exerçant dans des universités réputées, sur des laps de temps suffisamment importants pour que nous ayons le recul nécessaire à tirer des conclusions scientifiques définitives et à établir des théories fiables, vont rigoureusement toutes dans le même sens : les mauvais traitements, « petits » ou « grands », physiques ou verbaux, occasionnent des perturbations dans le développement cognitif[8] et affectif de l'enfant.

Les études menées sur 2461 enfants par Catherine Taylor, chercheur en santé publique à l'université de Tulane aux États-Unis, établissent le lien entre la punition corporelle de type « fessée » et de graves troubles comportementaux chez les enfants de 3 à 5 ans :

- violence envers les autres enfants,
- destruction d'objets,
- provocation,
- menaces,
- hurlements…

Un enfant qui a subi des châtiments corporels dans

---

[7] Pour aller plus loin, je vous renvoie à la lecture du livre du Dr Catherine Gueguen, *Pour une enfance heureuse : Repenser l'éducation à la lumière des dernières découvertes sur le cerveau*, chez Pocket ; et à celle de l'ouvrage d'Olivier Maurel, *La Fessée : Questions sur la violence éducative*, publié chez La Plage.

[8] Relatif aux apprentissages.

son enfance, conclut Catherine Taylor, a plus de risques de développer un type de comportement violent et antisocial à l'âge adulte qu'un enfant qui a reçu une éducation sans violence.

Par les agressions qu'il subit lorsqu'il est petit, l'enfant « apprend » à être agressif.

D'autres études, menées par Tracie O. Afifi, épidémiologiste à l'université du Manitoba (Winnipeg, Canada), sur 34653 adultes, révèlent les conséquences néfastes possibles[9] d'une éducation violente sur la psychologie des adultes qui en ont été les victimes :

- anxiété,
- toxicomanie (dépendance à l'alcool et aux drogues...),
- dépression,
- problèmes de jeu,
- idées suicidaires,
- troubles de la personnalité.

La VEO (violence éducative ordinaire), dont il est question ici, se définit comme la violence (physique,

---

[9] Attention : ces conséquences ne sont pas automatiques, heureusement. Il s'agit de tendances observées. On estime que ces risques sont augmentés de 7% chez les adultes qui ont été victimes de violence (fessées, gifles) lorsqu'ils étaient enfants. L'inverse est vrai aussi : un adulte alcoolique n'a pas nécessairement été victime de mauvais traitements, d'autres facteurs sont à considérer, notamment des facteurs génétiques.

psychologique ou verbale) faite de manière banalisée à des fins éducatives envers les enfants.

Plusieurs sites Internet lui sont consacrés, dont :

- www.stopveo.org,
- www.oveo.org.

Les articles qu'ils communiquent sont éloquents et permettent d'avoir une vision plus large sur l'importance de ce sujet qu'il est indispensable de maîtriser lorsqu'on est chargé, d'une façon ou d'une autre, de l'éducation d'enfants.

Ces associations militent également pour une meilleure protection de l'enfance au regard de la loi française et une reconnaissance du statut de l'enfant – il existe, en effet, des lois qui interdisent la violence physique et verbale contre les adultes, mais pas contre les enfants.

Il est primordial que ces associations parlent au nom des enfants et que cette parole soit relayée par les éducateurs. Pour rappel, étymologiquement, le mot « enfant » vient du latin « *infans* » que l'on traduit par « celui qui ne parle pas ». De fait, l'enfant est encore trop peu entendu.

En tant qu'éducateurs, nous n'avons évidemment pas la même latitude à faire usage de l'autorité que les parents, même s'ils nous délèguent ce pouvoir au moment où ils nous confient leurs enfants.

Pour nous, professionnels, l'autorité bienveillante consistera en premier lieu à ne recourir à aucune forme d'agression physique, quelle qu'en soit l'intensité, à ne jamais recourir aux punitions traumatisantes, aux insultes, aux humiliations, au chantage, aux menaces et aux hurlements.

Nous y reviendrons plus en détail et nous verrons que, fort heureusement, on peut se faire obéir sans utiliser ces pratiques. Nous expliquerons pourquoi, au contraire, toute autorité est nulle sans bienveillance.

Mais que notre approche soit bien comprise : associer autorité et bienveillance ne revient aucunement à jeter le bébé de l'autorité avec l'eau du bain de la maltraitance ! Chasser la seconde n'équivaut pas à refuser la première !

Il nous faut davantage insister peut-être sur le fait que les notions d'autorité et de bienveillance ne se situent pas sur le même plan : *l'autorité est un principe éducatif*, sur lequel on ne saurait transiger, *la bienveillance est une pratique pédagogique*. En cela, la bienveillance est une manière positive, humaniste, valorisante pour l'enfant et favorable à son développement, d'exercer son autorité, en accord avec les théories neuroscientifiques et psychologiques contemporaines.

2
Le rappel des règles

Méfions-nous : ce qui est évident pour soi ne l'est pas forcément pour les autres, qu'ils soient enfants ou adultes. Les règles ne font pas exception. Si un animateur a une idée assez précise de l'attitude qu'il attend de son groupe, il ne doit pas considérer que c'est le cas de l'ensemble du groupe.

On ne saurait trop insister sur le fait que la gestion de l'autorité dans un groupe commence par là : *être tout à fait clair sur ce qui devra être respecté durant l'activité.*

Les règles fixent un cadre rassurant. Elles donnent le sentiment au public que l'animateur domine son sujet et qu'il maîtrise la situation. Elles assoient son autorité, apaisent les enfants et agissent sur leur motivation. Rien n'est plus angoissant pour les enfants que de sentir que l'adulte n'a pas le contrôle, qu'il ne sait pas où il va et ce qu'il attend d'eux.

L'autorité commence par le rappel des règles.

Difficile d'estimer dans un pourcentage précis la part qu'occupe le rappel des règles dans la gestion globale de l'autorité d'un groupe. Cependant, d'après mon expérience, elle est d'au moins cinquante pour cent. Une belle part fort rassurante puisqu'elle garantit à n'importe quel animateur, même le moins féru d'autorité, que son animation a toutes les chances de se dérouler dans des conditions disciplinaires optimales pourvu qu'il sache tout simplement faire bon usage du rappel des règles.

Mais ressasser, répéter et rabâcher les règles à longueur de temps, empilées les unes par-dessus les autres sans explication, ne suffit pas, surtout lorsque l'action est engagée et que le groupe est absorbé par l'activité. Il convient donc aussi de donner le sentiment que le groupe est acteur du règlement et qu'il n'ait pas l'impression que celui-ci lui est imposé de manière arbitraire ou dogmatique, sans logique ni bon sens apparent, ce qui pourrait avoir l'effet inverse de celui qui est recherché. Plus un règlement nous semble imposé d'en haut, plus il nous stresse et plus nous aurons tendance à le contourner.

Pour éviter cet effet non désiré, l'animateur fera en sorte que son public ait un sentiment de contrôle sur le bon déroulement des événements. Nous expliquons comment un peu plus loin.

Un détail essentiel doit d'abord être pris en considération :

Les règles doivent être énoncées avant *le début d'une activité.*

Cela, encore une fois, ressemble à une évidence, mais ce principe n'est pas toujours respecté. Peut-être à cause de l'habitude et de l'impression de répéter sans arrêt la même chose, ou par manque de temps, par crainte de ne trop empiéter sur l'animation, peu d'animateurs prennent quelques minutes avec leur groupe avant une activité pour expliquer *clairement* ce qu'ils vont faire et *comment* ils souhaitent que cela soit fait. Je dois avouer que cela m'est arrivé aussi, et m'arrive encore : lorsque je connais bien le groupe, et que celui-ci est habitué à suivre mes ateliers, j'oublie parfois le rappel des règles ; parfois, ça passe et l'activité se déroule sans problème ; d'autres fois, je réalise que la confusion s'est installée et il me faut reprendre les choses du début – voir un peu plus loin : le « Reset ».

N'oublions pas que tous les enfants ne sont pas au même niveau, tant sur le plan de l'acquisition des règles de vie collective que des connaissances qu'ils ont du déroulement des activités. Une fois de plus : rien n'est évident.

Lorsque des footballeurs professionnels arrivent sur

le terrain pour jouer un match de championnat, ils sont tous au fait du règlement de ce jeu et des risques qu'ils encourent à ne pas le respecter. Pour eux, les règles sont déjà connues, intégrées et digérées. Et pourtant, l'arbitre ne manquera pas de répéter aux capitaines des deux équipes quelques fondamentaux qu'il désire voir respectés durant le match, notamment dans les domaines du fairplay entre joueurs et du respect de ses décisions. On se rend compte que bien souvent cela ne suffit pas et, dans le feu de l'action, de nombreux joueurs sortiront du cadre d'une façon ou d'une autre.

Pour poursuivre cette comparaison, il faut se dire que la plupart des enfants arrivent sur le « terrain » de notre animation sans même connaître les règles du « jeu » que nous allons jouer, même si ces règles sont *évidentes* pour nous. Inutile de dire que le rappel n'est donc pas superflu.

> Ilyan, 9 ans, est un compétiteur. Lorsqu'un jeu sportif est organisé, il se donne à fond et entraîne ses coéquipiers dans son sillage. Ses copains apprécient son adresse et sa vélocité et ils font tout pour être dans son équipe. Sans être mauvais joueur, Ilyan aime gagner et fait tout pour. Ce qu'il déteste par-dessus tout, c'est être accusé à tort d'avoir commis une faute. D'un caractère volontaire, mais non agressif, Ilyan peut dans ces cas-là avoir de mauvaises réactions qu'il regrette ensuite. Aujourd'hui, à la balle aux prisonniers, comme à son habitude, il se donne à fond. Estimant que tout le monde connaît les règles, Sophia, l'animatrice, n'a pas pris la peine de les rappeler. Ilyan fait donc comme d'habitude : il vise ses adversaires sans tenir compte de

> la partie du corps qu'il atteint. Pourtant, bien que le ballon soit en mousse, Sophia considère qu'un joueur atteint à la tête n'est pas touché. Aussi, lorsqu'Ilyan touche au visage le meilleur joueur de l'équipe adverse, il ne comprend pas la décision de Sophia : « Non, à la tête, ça ne compte pas ! » Déçu et vexé, Ilyan donne un coup de pied dans un plot et le ton monte entre lui et Sophia qui finit par l'exclure du jeu sans plus d'explication. Ilyan vit très mal cette situation et n'a plus confiance en Sophia.

Dans la mesure où les règles ont été énoncées, elles peuvent servir de base à un rappel en cours d'activité : « Souvenez-vous que nous avons dit qu'il faut faire preuve de fairplay… » Et ouvrir le champ à une éventuelle sanction qui ne sera pas vécue comme une injustice par le jeune fautif, dans la mesure où elle ne le prendra pas par surprise.

Dans notre exemple, Sophia refuse que les enfants se visent à la tête. Pour elle, c'est une évidence. Peut-être a-t-elle appris à jouer comme ça ? Toujours est-il que ce n'est pas une évidence pour Ilyan. Sans doute que d'autres animateurs, estimant qu'un ballon en mousse ne fait pas mal, acceptent que toutes les parties du corps soient touchées. Ilyan est donc habitué à jouer ainsi. Pour lui qui aime faire les choses dans les règles, le fait de voir son tir refusé est injuste, voire humiliant, et décevant dans la mesure où il a touché le meilleur joueur adverse. Cette situation aurait facilement pu être évitée : il aurait suffi que l'animatrice prenne le temps de rappeler les règles avant le début du jeu.

Il est opportun d'annoncer les sanctions éventuelles au cours du rappel des règles d'un jeu : elles en sont parfois une partie intégrante. On peut à ce titre réutiliser l'exemple du football qui prévoit des cartons jaunes et rouges. Nous reviendrons plus tard sur les sanctions et leurs effets, mais l'animateur doit prévoir des sanctions raisonnables et applicables – par exemple : premier carton jaune => exclusion de deux minutes, deuxième carton jaune => exclusion de cinq minutes, premier carton rouge => exclusion de dix minutes, etc.

Si l'on fixe la barre haut en ce qui concerne la politesse et l'usage des gros mots, on peut inventer une règle de *langage correct exigé* et annoncer avant le jeu : « Tout gros mot prononcé pendant le jeu est considéré comme une faute et sera sanctionné comme une faute. »

Pour une balle aux prisonniers, on pourra préciser : « Tout gros mot touche celui qui le dit ! Donc quiconque prononcera un gros mot sera considéré comme touché et fait prisonnier par l'adversaire. »

En revanche, il sera compliqué d'appliquer ces règles spécifiques en cours de jeu si elles n'ont pas été expliquées avant et admises par les joueurs.

L'animateur peut consulter les enfants sur l'usage des sanctions, leur demander si elles leur paraissent justes, trop ou pas assez sévères, exagérées ou raisonnables. Plus l'animateur obtiendra leur assentiment, plus ils accepteront de se plier à la sanction au moment venu. En cours de jeu, un simple rappel à un jeune fautif suffira : « Tu n'es pas content d'avoir reçu un carton jaune, mais souviens-toi de ce que nous avons vu au début du jeu, tu as toi-même approuvé ce règlement… »

Dans l'idéal, l'animateur fera voter les enfants en leur posant la question : « Approuvez-vous le règlement et les sanctions de ce jeu ? » Les enfants pourront alors lever la main pour se prononcer[10].

Quelles règles ?

On distinguera trois types de règles : les règles qui découlent directement de l'organisation de l'activité, les règles de base qui visent à assurer la sécurité du public et les règles comportementales liées à la vie de groupe.

Les règles propres à l'activité

Ce sont les règles du déroulement d'un jeu, qu'il soit sportif ou de société ou de coopération, par exemple : celles du basket, de la balle aux prisonniers, du chef d'orchestre ou du *Cluedo*.

Certains jeux sont assez bien connus des enfants, mais encore une fois : méfions-nous des évidences. Personnellement, je connais presque autant de façons de jouer au *Uno*[11] que de joueurs !

---

[10] Voir plus loin dans ce chapitre : « Le Référendum ».

[11] Jeu de cartes associant formes et couleurs édité par Mattel.

Pour des jeux compliqués, l'animateur peut aussi s'amuser à adapter les règles pour les rendre plus ludiques ou appropriées à l'âge des participants. Bref, un petit rappel ne coûte rien et met les choses au clair.

Notons que l'animateur se doit de se former à ces différentes règles de jeu *en amont*, cela fait partie du travail de préparation d'une activité. Les enfants sentiront immédiatement si l'animateur s'embrouille, il perdra leur confiance et certains en profiteront pour le gruger. D'autre part, s'il commence l'activité par lire une règle de jeu de société pendant une demi-heure, il est plus que probable que son groupe s'impatientera et il risquera d'en subir les conséquences sur le plan comportemental.

Il est indispensable que l'animateur se forme en profondeur à la maîtrise des règles de nombreux jeux, il s'agit là d'un devoir professionnel.

Les activités manuelles ou scientifiques ont aussi leurs règles de déroulement, on les appellera dans ce cas des « consignes ». Celles-ci doivent être précises et peuvent être accompagnées d'une petite initiation.

Par exemple, si l'animateur souhaite faire peindre des tableaux aux enfants à la manière de Jackson Pollock selon la technique du *dripping* (égouttage), il convient de bien expliquer cette technique en amont et d'exiger que cette consigne soit rigoureusement respectée puisqu'elle est l'un des objectifs principaux de l'activité : découvrir une nouvelle technique de peinture.

De la même façon, si, lors d'une activité naturaliste,

l'animateur part observer les diverses formes de feuilles et de fleurs à la loupe avec son groupe, il conviendra de former les enfants à la bonne façon d'utiliser cette loupe et de les mettre en garde sur les dangers de l'utiliser à un autre usage (regarder le soleil au travers, par exemple).

Dans tous les cas, l'animateur consacrera du temps à réfléchir au déroulement de son activité. Une activité mal organisée est génératrice d'indiscipline.

L'animateur pensera aux moindres détails avant de se lancer dans une activité nouvelle, surtout un grand jeu :

- *Au matériel dont il aura besoin* : quelques plots pour délimiter un terrain, un panneau pour noter les scores, des chasubles, des cerceaux...
- *À l'organisation globale* : fera-t-il deux ou trois équipes ? Combien d'enfants par équipe ? Faut-il une ou deux tables pour l'activité manuelle ? Comment installer les enfants ? Si l'activité se déroule dehors : où ira-t-on en cas de mauvais temps ?
- *Aux petits préparatifs* : faut-il prédécouper des formes ? Faut-il prévoir des patrons ?
- *Aux délais* : combien de temps va durer l'activité ? Faut-il la diviser en plusieurs séances ? Faut-il prévoir un temps de séchage ?
- *À la difficulté* : l'activité est-elle adaptée à l'âge des enfants ? N'est-elle pas trop compliquée à réussir ou à comprendre ?

Attention, comme le dit le proverbe : « Le diable est

dans les détails. » Et la meilleure des activités peut tourner au fiasco simplement parce qu'elle a été mal pensée : dans l'inconfort, les enfants s'énerveront, se démotiveront, seront stressés, frustrés et disposés aux débordements.

Désorganisation et autorité ne font pas bon ménage.

Lorsqu'il présentera les règles propres à son activité, l'animateur pourra la resituer dans le *projet global d'animation* où elle s'inscrit, lui-même étant l'application opérationnelle du *projet pédagogique* que, bien évidemment, il a pris le temps de lire. Cela fait aussi partie des petites choses importantes à rappeler en amont du déroulement de ladite activité. C'est ce que nous entendons par : *donner du sens*.

Les activités ne surgissent pas *ex nihilo*, elles ont pour cadre un projet plus vaste dont les enfants n'ont pas toujours conscience. Selon que l'on travaille sur la féérie, les continents, les arts, l'écologie, l'œuvre de Jules Verne ou l'espace, les activités sont adaptées. Il est absolument primordial de rappeler tout cela aux enfants. Cela fait partie des règles dans la mesure où cela va contribuer à motiver le jeune public à s'investir pleinement, lui donnant le sentiment qu'il participe à une œuvre qui dépasse le cadre d'une simple activité occupationnelle. Les enfants sentiront qu'on les prend au sérieux et qu'on leur offre de la qualité. Ils sauront en être reconnaissants.

Les règles de sécurité élémentaires

Beaucoup d'animateurs n'entendent par « règles » que l'aspect sécuritaire que recouvre cette notion. Il est vrai qu'il s'agit là d'un point primordial. La moindre chose qu'un parent puisse espérer en confiant son enfant à un accueil de mineurs, c'est que celui-ci lui soit rendu en bonne santé.

L'animateur dépassé par les événements, incapable de mener à bien son projet (pour x ou y raisons) et d'atteindre les objectifs qu'il s'est fixés, bref, l'animateur qui a perdu le contrôle de la situation ne doit pas surtout hésiter à revenir à cette règle fondamentale : *ne pas laisser les enfants se mettre en danger* ; veiller à leur sécurité et à leur bien-être d'abord, toute affaire cessante.

C'est l'*article 0* de l'animation :

> *L'animateur ne doit jamais mettre les enfants en danger.*

Est-ce à dire qu'il faille mettre les enfants dans du coton toute la journée et les empêcher de s'approcher à moins d'un mètre d'une paire de ciseaux ? Ou encore de mettre sous clef les patinettes et les rollers et de jeter la clef au fond d'un puits ? Cela prête à sourire, mais ça s'est déjà vu !

La vie en ACM[12] est dangereuse : il y a des marches, des vitres, des portes, des coins de tables et des milliers d'objets potentiellement blessants. Il y a des sorties aussi, avec leur lot de trottoirs, voitures, transports en commun et chiens pas toujours tenus en laisse.

L'animateur ne peut jamais prévenir les enfants de tous les risques. Mais ce n'est pas pour autant qu'il faut baisser les bras, bien au contraire.

Je ne suis pas un grand amateur de panneaux placardés sur les murs des ACM, en format A3 et écrits trop petit, laids à regarder et jamais lus par personne, perdus qu'ils sont au milieu des dizaines d'affiches informant les familles sur ceci et sur cela.

Néanmoins, dans le cas des règles de sécurité, on peut faire une exception. Travailler avec les enfants sur la réalisation d'un grand panneau (illustré d'images qu'ils auront eux-mêmes coloriées, découpées et collées), qui servira de support à la réflexion, est une solution qui peut aider à les sensibiliser aux risques qu'ils prennent à courir dans les couloirs, se balancer sur leur chaise, sortir du rang dans la rue, lancer les jouets, se bousculer, etc.

Cela peut être abordé en Communauté de réflexion, par exemple – voir le chapitre 3.

---

[12] Accueil collectif de mineurs – je l'entends au sens le plus élargi comme tout lieu qui accueille des mineurs en dehors de l'école, sur les temps de vacances, le périscolaire et l'extrascolaire.

Dans tous les cas, l'animateur ne doit pas se priver d'impliquer les enfants dans l'élaboration des règles de sécurité et de tous supports destinés à les informer. Il peut renouveler l'opération régulièrement, faire vivre les supports et proposer des moments de sensibilisation – par des lectures et des discussions sur des temps appropriés. Autrement tout le monde passera devant sans y accorder la moindre attention, ce ne sera qu'un élément du décor, inutile.

Les règles de savoir-être

Parmi les règles à respecter, il y a enfin celles qui relèvent du comportement approprié, du respect et de la bienveillance envers autrui. Elles sont au cœur même de la mission éducative de l'animateur (voir l'*article 1* de l'animation un peu plus loin).

Des trois types de règles que nous évoquons, ce sont certainement celles relatives au savoir-être qui se prêtent le mieux à la discussion en ceci qu'elles impliquent nos valeurs personnelles. En effet, nous n'avons pas tous la même vision de ce qu'est un *comportement approprié*. Nous sommes plus ou moins tolérants ou exigeants en ce qui concerne les gros mots, le chahut, la moquerie et certaines manifestations organiques (les rots et les pets pour le dire clairement). En cela, les règles de savoir-être sont un terrain idéal à la discussion en Communauté de réflexion. Une réflexion communautaire permettra de définir les termes et de chercher la frontière entre le tolérable et l'inacceptable.

Par exemple, on peut s'interroger avec les enfants sur ce qu'est un gros mot :

- Quelle est la définition d'un gros mot ?
- Pourquoi dit-on parfois des gros mots ?
- Y a-t-il des gros mots plus gros que d'autres ?

La moquerie, elle aussi est un excellent sujet de discussion :

- Quelle différence y a-t-il entre la moquerie et l'insulte ?
- Charrier quelqu'un (le chambrer, le casser, le « basher »), est-ce que ça peut faire du mal ?
- Se moquer d'un copain ou d'un adulte, est-ce la même chose ?

Chaque animateur a son seuil de tolérance en la matière, mais il doit quand même être vigilant à ne pas trop abaisser son niveau d'exigence. On peut comprendre que, pour maintenir une atmosphère décontractée de vacances, à certains moments choisis, on assouplisse le cadre réglementaire et que l'on accepte de menus débordements, notamment avec les adolescents ; à condition que cela reste dans un bon état d'esprit et ne mette pas la sécurité des jeunes en péril. Mais attention de ne pas confondre tolérance et facilité ; il serait préjudiciable aux objectifs éducatifs que l'animateur s'est fixés de laisser aller les choses trop loin sous couvert d'arguments du type : « Oh, ça va, c'est les vacances, on se détend. » Une assertion aussi peu étayée n'est en rien un principe éducatif.

D'autres points, en revanche, ne semblent pas négociables, ce qui ne veut pas dire qu'ils ne doivent pas être expliqués et analysés avec les enfants. Il est toujours intéressant de recueillir les ressentis et d'inviter le jeune public à réfléchir sur le sens de ses actes et ses conséquences possibles. Il s'agit là pleinement d'un devoir éducatif.

Parmi ces règles de savoir-être non négociables, nous pourrions citer :

- Ne pas insulter autrui,
- Ne pas humilier autrui,
- Ne pas avoir de gestes violents envers les autres,
- Ne pas tenir de propos discriminants : sexistes, homophobes, racistes…,
- Respecter la parole de chacun,
- Respecter le principe de laïcité,
- Appliquer les règles de politesse (« Bonjour, au revoir, s'il te plaît, merci, pardon »),
- Respecter l'environnement,
- Respecter la propreté du lieu d'accueil.

Chacun saura compléter cette liste non exhaustive.

Passer un contrat

Victor est un petit garçon de 4 ans très dynamique. Il est

d'un tempérament joyeux et serviable. Curieux de plein de choses, il a du mal à focaliser son attention très longtemps sur une tâche et il ne tient pas en place. Lorsqu'une coccinelle passe à côté de lui, il abandonne ce qu'il est en train de faire pour aller la voir. C'est plus fort que lui. En dehors de ces troubles de l'attention qui influencent son comportement, Victor ne pose aucun souci disciplinaire : il écoute les consignes, est doux avec ses copains et toujours très poli. À la cantine, cette difficulté qu'il éprouve à rester assis sur une chaise plus de deux minutes consécutives est un vrai problème. Lorsqu'une cuillère tombe, il se lève pour la ramasser. S'il voit quelque chose passer par la fenêtre, il se lève encore pour regarder. Parfois, n'y tenant plus, il lui arrive même de se lever juste pour le plaisir de se dégourdir les jambes. Les autres enfants sont souvent agacés par ce comportement qui perturbe les repas. Certains n'hésitent pas à le réprimander. Les animateurs ont essayé différentes techniques pour qu'il se tienne correctement : ils lui ont retiré sa chaise et fait asseoir par terre, ils l'ont fait manger tout seul, ils l'ont disputé, menacé… Mais ça n'a rien changé, sinon à faire culpabiliser Victor qui se rend bien compte qu'il n'arrive à se comporter comme les autres.

Inviter les enfants à se discipliner eux-mêmes est très efficace, surtout pour ceux d'entre eux qui « posent problème »[13] et qui, pour une raison ou une autre (qu'il convient d'identifier, avec l'aide des parents et des

---

[13] Il faut être prudent avec ce genre de jugement et se demander : « À qui posent-ils problème ? » En effet, un enfant peut être dynamique et ne « poser problème » qu'à notre tranquillité. Auquel cas, ce n'est pas un vrai problème.

collègues), ont du mal à se plier aux règles communes.

On peut mettre en place une sorte de *contrat* avec un « perturbateur »[14], avec quelques objectifs comportementaux à atteindre, l'inviter à relever des *défis raisonnables*, c'est-à-dire à sa portée, en les énonçant avec lui et les listant de façon très claire, en étant le plus concret et précis possible, en fixant un cadre bien délimité.

Pour que ce contrat fonctionne, on pourra procéder comme suit :

1. *Impliquer le perturbateur dans la rédaction des objectifs à atteindre et les énoncer clairement.*

L'animateur demandera au jeune perturbateur quelles *petites actions* il pourrait entreprendre pour mieux se comporter durant l'activité. Il lui posera alors directement la question, en l'invitant à réfléchir par lui-même aux solutions :

« Quelle toute petite chose peux-tu faire (ou cesser de faire) pour que l'activité se passe mieux que d'habitude ? »

Selon le type de problèmes rencontrés habituellement, la réponse pourra être :

- de ne pas dire de gros mots durant l'activité,
- de ne pas interrompre tout le temps l'animateur,
- de rester assis au moins cinq minutes…

---

[14] Pour les mêmes raisons de prudence qu'il faut lui accorder, nous entendons ce terme dans le sens où cet enfant n'arrive pas à intégrer les règles collectives et perturbe l'organisation globale de manière répétée.

Dans tous les cas : ne pas mettre la barre trop haut, commencer de manière très modeste, petite, de façon à ne pas bloquer l'enfant (la réalisation d'un objectif comportemental même très modeste en apparence pourra être d'une très grande difficulté pour un enfant qui a du mal à se plier aux règles collectives). Notons que notre cerveau n'aime pas les tâches trop difficiles à accomplir : il aura tendance à les interpréter comme un danger qu'il faut fuir ou attaquer.

Un enfant comme Victor dans notre exemple, qui éprouve des difficultés à tenir sur une chaise plus de deux minutes, vivra comme une tâche insurmontable qu'on lui demande de rester assis une heure. Cet objectif trop élevé le plongera dans un grand stress et il lui sera impossible de le relever. On lui demandera donc, dans un premier temps, d'essayer de ne pas se lever de sa chaise pendant trois minutes. Puis on augmentera la difficulté progressivement, afin que son cerveau ait le temps d'intégrer ce nouveau fonctionnement de manière durable et sans le stresser.

2. *Écrire ces objectifs sur une feuille.*

On peut choisir une jolie feuille décorée, quelque chose qui mette en valeur le contrat. On peut choisir un cahier aussi qui resservira pour les objectifs futurs.

On ne prendra qu'un objectif pour commencer, très simple, que l'enfant aura une chance de pouvoir atteindre – pas deux ni trois pour commencer, un seul suffira amplement. Et l'on notera (si l'enfant sait écrire, il rédigera lui-même) :

« Durant l'activité, je m'engage à... *ne pas dire de*

gros mots. »

L'animateur datera, signera et fera signer l'enfant.

Si, en plus de sa difficulté à rester assis le temps du repas, Victor ne finit jamais son assiette et ne sait pas se servir de sa fourchette, on ne lui demandera pas de progresser sur ces derniers points, mais de se focaliser sur son objectif du jour qui pourra être : « Durant le temps du repas à la cantine, je m'engage à rester assis au moins cinq minutes de suite sur ma chaise. » On pourra même le lui dire : « Peu importe si tu ne finis pas ton assiette ou si tu manges avec tes doigts aujourd'hui : je ne te demande que de rester assis au moins cinq minutes. » Encouragé, valorisé et déstressé, il est plus que probable que Victor mettra un point d'honneur à finir ses assiettes et utiliser sa fourchette dans les jours qui suivront.

3. *Valoriser la réussite / réfléchir aux raisons de l'échec.*

L'animateur valorisera le comportement de l'enfant par quelques mots bienveillants. Il s'agira de souligner que l'on a vu et pris acte de l'effort et de l'évolution positive.

En cas d'échec, il faudra en discuter avec l'enfant en ressortant le « contrat » afin de comprendre pourquoi il n'a pas réussi.

Les objectifs étaient-ils trop difficiles à atteindre ? Doit-on dans ce cas en fixer de nouveaux plus modestes et plus faciles à réaliser ?

Il faut en discuter avec l'enfant sans le culpabiliser ni le brusquer.

L'animateur pourra expliquer à Victor : « Aujourd'hui, tu devais rester assis sept minutes sur ta chaise et tu n'as pas réussi. Hier, tu avais réussi à rester assis six minutes. Peut-être que sept minutes, c'est trop long pour toi ? Veux-tu qu'on revienne à six minutes ? »

Cette discussion permettra peut-être à l'animateur de comprendre que Victor n'a tout simplement pas la notion du temps et que cinq, six ou sept minutes ne signifient rien pour lui. Alors il faudra réfléchir à un moyen de lui faire prendre conscience de ce temps : un sablier ou un minuteur de cuisine pourront l'aider et focaliseront son attention de manière ludique durant le repas, et lui permettront de mesurer scientifiquement ses progrès.

4. *Augmenter la difficulté au fur et à mesure.*

Si l'enfant progresse, il ne sera pas question de s'arrêter en si bon chemin. Sans chercher à aller trop vite et à brûler les étapes, on augmentera la difficulté petit à petit. L'objectif final est de créer de nouveaux comportements plus appropriés de manière durable, donc il faut prendre le temps nécessaire.

En cas d'échec, toujours revenir à l'étape précédente et la renouveler une ou plusieurs fois avant d'augmenter de nouveau la difficulté.

Si Victor arrive maintenant à tenir sur sa chaise quinze minutes de suite, mais que seize minutes, c'est trop long, l'animateur peut lui demander de continuer à rester assis quinze minutes et l'autoriser, à l'issue de ce laps de temps, à se lever pour aller lui chercher quelque chose (une cruche d'eau...) puis de revenir s'asseoir calmement et continuer son repas.

Quoi qu'il en soit, il est difficile d'avoir les mêmes exigences disciplinaires avec tous les enfants, c'est une réalité. Sans pour autant renoncer en laissant faire ce qu'ils veulent à certains plus difficiles à gérer, ce qui serait vécu comme une injustice par ceux qui se donnent la peine de respecter les règles, ou en les punissant systématiquement, ce qui ne ferait pas évoluer leur comportement dans le sens désiré et aurait même l'effet inverse (comme nous le verrons plus loin), il faut trouver un compromis avec eux. Établir un contrat en est un.

Cette légère adaptation du règlement à quelques « cas délicats » ne sera pas vécue par les autres enfants comme de la partialité. Ceux-ci connaissent généralement très bien les « perturbateurs » et ont conscience qu'il est difficile pour l'animateur de les cadrer. Sentir que l'animateur fait l'effort de ne pas baisser les bras malgré la difficulté, même s'il est plus permissif, sera perçu comme un gage d'autorité par le reste du groupe et apprécié avec indulgence. Il y a même fort à parier que l'animateur sera aidé dans sa tâche.

Rappelons qu'il n'y a pas de « perturbateurs professionnels » et encore moins de « perturbateurs naturels » qui seraient venus au monde comme tels, en vertu d'hypothétiques facteurs génétiques. La complexité psychique d'un individu ne saurait être réduite à quelques gènes déterminants, dont celui (qui reste à trouver) du « casse-pied ». De nombreux éléments interviennent dans la construction d'un être humain, notablement son interaction avec autrui : ses parents, les adultes et les amis qui l'entourent... Un comportement inadapté, qui réclame l'attention de l'entourage par la provocation, cache souvent une forte carence affective, un manque de manifestations de bienveillance et de reconnaissance de la part de ses proches.

Il est donc essentiel, sans chercher à s'immiscer dans la problématique psychologique et familiale d'un enfant, d'entrer dans son cercle émotionnel, de toucher sa sensibilité en lui faisant comprendre qu'on l'accepte tel qu'il est, sans le stigmatiser ni le juger, qu'on ne va pas le brutaliser ni le mettre de côté, mais qu'on va l'aider, le plus humainement possible, à s'insérer dans un processus relationnel normé, lui apprendre en douceur à vivre avec les autres.

Évitons donc de mettre les enfants dans des cases où ils risqueraient de s'installer dans la durée. Bien entendu, un animateur est aussi un être humain, il a ses limites, son seuil de tolérance, sa personnalité. Il a aussi le droit d'être fatigué ou dans une mauvaise phase, de vivre un moment de crise. Il peut donc lui arriver de prendre en grippe un élément qui perturberait systématiquement son organisation. C'est dans ces moments critiques que l'animateur doit le plus fermement se référer à ses principes éducatifs, utiliser tous les outils à sa disposition pour atteindre ses objectifs (le « contrat », dont il est question ici, en est un) et s'accrocher à ses fondamentaux : tous les enfants méritent son attention et doivent être traités avec une égale bienveillance.

Le Référendum

Comme nous l'avons évoqué un peu plus haut, un vote à main levée est idéal pour faire approuver les règles par tous avant le début d'une activité.

Les ACM, au même titre que l'école, sont des espaces démocratiques où les enfants apprennent à devenir des citoyens qui devront s'engager dans la vie publique, faire des choix d'orientation politique et s'exprimer aux différents scrutins.

L'avantage du Référendum est donc double :

- Il permet d'établir un contrat entre l'animateur et le groupe.
- Il initie le jeune public au procédé républicain du suffrage.

La question référendaire sera claire, du type : « Approuvez-vous le règlement qui a été énoncé et vous engagez-vous à le respecter ? »

La réponse devra être unanime, à main levée.

Si l'animateur s'engage dans la voie du Référendum, il ne pourra pas se lancer dans l'activité avec un ou deux individus réfractaires. Ce sera impossible. Dans le cas où tout le monde ne serait pas d'accord, il faudra discuter. Les enfants qui n'auront pas levé la main devront expliquer pourquoi.

Est-ce le règlement dans sa globalité qui pose problème ? Ou juste un point précis ?

On tentera de résoudre cela de façon démocratique :

que ceux qui ont approuvé le règlement tentent de convaincre les réfractaires en argumentant. L'animateur pourra, si les arguments des frondeurs sont pertinents, négocier ce qui peut l'être, mais il ne reculera en aucune façon sur ce qui lui semble essentiel – nous avons vu qu'il y a des règles *non négociables*.

En dernier recours, il faudra envisager une solution de retrait pour celle, celui ou ceux qui, après discussion, ne sont toujours pas d'accord. Il conviendra par la suite de voir en tête à tête les raisons d'une telle obstination, cela cache souvent quelque chose de plus profond.

Mais il est peu probable d'en arriver là. Au contraire, les enfants sont toujours heureux qu'on les prenne au sérieux, qu'on les implique et qu'on leur demande leur avis. Ils adorent le principe du référendum.

Inutile d'être sentencieux, on peut très bien imaginer un cérémonial ludique. Par exemple, en notant la question du Référendum sur une carte que l'on donnera à lire à un membre du groupe. On peut affubler ce « maître de cérémonie » d'un sceptre, d'une cape ou d'une perruque (sur le modèle des juges britanniques). On peut, enfin, frapper avec un marteau sur une planchette pour ratifier la décision du vote à l'unanimité. Il est toujours possible de faire des choses très sérieuses de manière très détendue.

Le « *Reset* » : tout remettre à plat

Et si, malgré tout, l'activité ne fonctionne pas, et que l'indiscipline s'installe progressivement, toujours s'interroger sur les motifs du chahut. Les enfants ne sont pas des robots et ils ont des tas de raisons de se dissiper durant une activité.

L'animateur, au lieu de s'énerver voire de hurler après tout le monde, pourra se poser quelques questions salvatrices.

En voici quelques-unes :

- Les enfants sont-ils motivés ? (Ai-je réussi à les motiver ?)
- Les enfants sont-ils fatigués ?
- Les enfants ont-ils compris ce que j'attends d'eux ?
- Y a-t-il des tensions entre certains enfants que je n'avais pas vues ?
- Suis-je trop exigeant ?
- Y a-t-il un défaut dans mon organisation qui crée un inconfort démotivant ? – dans certains jeux où les enfants doivent jouer chacun leur tour, le temps d'attente est parfois source de perturbation : il faut alors prévoir des activités périphériques d'attente où imaginer une autre organisation avec plus d'action collective.
- Mon activité est-elle adaptée à mon public ? – le manque de compréhension ou d'habiletés de certains enfants pour une activité crée du trouble et c'est normal : difficile de se motiver à jouer au foot si on ne touche jamais le ballon, par exemple ; difficile aussi de se motiver à construire une maquette sur les planètes du système solaire si on ne sait pas

ce qu'est le système solaire ; difficile également de faire une activité manuelle où il faut beaucoup découper si on sait à peine se servir d'une paire de ciseaux, etc.
- Suis-je moi-même fatigué ?
- Suis-je moi-même motivé ?

Quelle que soit la réponse, ne pas hésiter à arrêter une activité qui se déroule mal et faire ce que j'appelle un « *Reset* », comme avec un ordinateur, afin de remettre les choses à plat, c'est-à-dire : rappeler les règles énoncées avant le début de l'activité et redonner du sens à ce qu'on est en train de faire.

Les étapes du « **Reset** *» :*

1. Faire asseoir tout le groupe en face de soi et exiger un retour au calme complet. Être patient, ne pas s'énerver et ne pas capituler. Si un individu n'arrive pas à se discipliner après quelques minutes et plusieurs interventions, le mettre de côté un instant. Le confier à un collègue, si cela est possible, en lui expliquant les raisons : il ne s'agit pas de le punir, mais de s'accorder un moment de pause, de respiration. Il est important qu'un animateur puisse s'appuyer sur ses collègues dans ces cas-là et sache déléguer sans le vivre comme un échec personnel.

2. Faire une ou deux minutes de silence complet afin que tous les esprits se calment.

3. Redonner du sens à ce que l'on est en train de faire en réexpliquant le but de l'activité et en la resituant dans son contexte (« On fait une chorégraphie de danse pour le grand spectacle de vendredi avec les parents donc c'est important que… », « En ce moment nous travaillons sur l'espace donc cette activité manuelle vous permet de créer une maquette pour connaître le système solaire donc c'est important que… »). Ce rappel peut être fait en posant la question aux enfants : « Pourquoi fait-on cette activité ? »

4. Impliquer les enfants dans le respect des règles communes par une petite Communauté de réflexion[15]. Voici quelques questions que l'on peut poser au groupe :

- Pourquoi, à votre avis, le bazar s'est-il installé ?
- Êtes-vous motivés par cette activité ?
- Est-ce que vous vous ennuyez ?
- Que pourrait-on faire pour que la suite de l'activité se déroule mieux ?
- Que se passera-t-il si on continue l'activité dans le bazar ?
- Quelle *petite chose* pourrait-on améliorer dans notre organisation pour que l'activité se déroule mieux ?
- Quelle *petite règle* à laquelle nous n'avions pas pensé pourrait-on instaurer pour que l'activité se passe mieux ?

---

[15] Pour la Communauté de réflexion, voir le chapitre 3.

Comme pour une Communauté de réflexion, on pourra utiliser un bâton de parole et le donner à celle ou celui qui lève la main et souhaite s'exprimer ; ou, autre méthode participative, le faire passer obligatoirement de main en main, du premier au dernier enfant du cercle afin que chacun s'exprime sur une question précise – par exemple : « Pourquoi, à ton avis, est-ce le bazar ? » ou « Quelle petite chose pourrais-tu améliorer dans notre organisation pour que l'activité se déroule mieux ? »

Abandonner

Enfin, en dernier ressors, si vraiment il n'y a rien à faire, mieux vaut changer d'activité plutôt que de persister sur une mauvaise voie. Par exemple, si à la question : « Mon activité est-elle adaptée à mon public ? », l'animateur se répond « non » en lui-même, mieux vaut la reporter, en se redonnant le temps de bien la préparer. Il trouvera certainement une activité de remplacement : à cette fin, il doit avoir toujours en tête quelques jeux sympas qui ne demandent aucune préparation (il y en a beaucoup, un grand nombre de livres y sont consacrés et Internet en regorge sur les sites adaptés).

Il est entendu que cette solution extrême n'est pas à prendre à la légère : abandonner son activité, c'est avouer à son groupe qu'on n'a pas assuré, qu'on est mal préparé, qu'on manque de compétences… Avec des grands, cette petite brèche entrouverte ne manquera pas d'être exploitée par quelques « perturbateurs », qui pourront même avoir le sentiment d'avoir fait plier l'animateur.

Mais, si toutefois la nécessité l'exige, l'avantage pour l'animateur sera double :

1. Il coupera court à une activité démotivante qu'il n'arrive pas à mener à son terme dans de bonnes conditions, qui fatigue les enfants et qui le fatigue lui-même.

2. Le jeu, en remplacement de l'activité initiale, permettra aux enfants de se défouler et de se décharger émotionnellement – ils sont les premiers à souffrir de l'agitation dans une activité, même si ça ne se voit pas.

Nous ne devons pas perdre de vue l'essentiel de notre métier : nous sommes là pour faire évoluer les comportements des enfants, et faire en sorte aussi qu'ils prennent plaisir à s'investir dans une activité ; l'activité en elle-même passe toujours derrière ce principe de base – elle est fondamentalement remplaçable par n'importe quelle autre activité. Donc, pas la peine de s'acharner sur quelque chose qui ne fonctionne pas. Il sera toujours temps par la suite d'analyser les raisons de l'échec et de chercher les moyens d'y remédier.

Les règles seront quasiment impossibles à faire respecter sur une activité qui ne prend pas. L'animateur déçu et agacé risque dans ces cas-là de faire preuve d'autoritarisme plus que d'autorité pour faire rentrer tout le monde dans le rang. La bienveillance fera les frais d'une telle attitude et l'animation perdra tout son sens.

3
La Communauté de réflexion

Comment impliquer les enfants dans l'établissement des règles et le respect de l'autorité ?

Comme cela a déjà été évoqué, les ACM et les écoles sont des espaces démocratiques d'apprentissage de la citoyenneté. Plus les enfants seront impliqués dans le fonctionnement de ces espaces, plus ces derniers répondront à leur vocation.

Dans cette optique, il est tout à fait possible de mettre en place une « Communauté de réflexion » où les enfants seront invités à réfléchir *par eux-mêmes* sur l'utilité et le bienfondé des règles.

Cela peut prendre la forme d'un atelier de discussion philosophique de quelques minutes par jour où les enfants s'expriment librement autour de situations problématiques.

L'avantage de cette approche est qu'elle invite les mineurs à être pleinement acteurs de la vie du groupe :

elle les responsabilise. Elle est particulièrement pertinente avec les adolescents, pour qui il est nécessaire de fournir plus d'explications sur les règles et leurs fonctions, de donner exemples et contre-exemples afin que ces règles aient du sens pour eux, qu'elles ne semblent pas tomber *ex cathedra* et qu'ils comprennent leur rôle premier : les protéger et les accompagner dans leur émancipation.

Il ne s'agit pas d'établir une liste sous la forme d'un « Je dois » / « Je ne dois pas », ou de rédiger une énième charte comportementale purement dogmatique. Il s'agit au contraire de réfléchir ensemble méthodiquement, de s'approprier la réflexion de manière structurée et personnelle. Or plus le groupe sera impliqué dans le fonctionnement du lieu qui l'accueille, plus il acceptera l'autorité.

Bien entendu, cette approche intervient en complément de ce qui a été dit avant : elle donne du sens, mais elle n'exempte pas de pratiquer le rappel des règles spécifiques au début de chaque activité.

Cependant, pour une action fil-rouge durant les vacances ou durant l'année scolaire, la Communauté de réflexion sera le support idéal pour réaliser l'*article 1 de l'animation* :

Le rôle de l'animation est de faire évoluer les comportements.

Déroulement

Voici quelques règles pour que tout se passe au mieux, que l'animateur peut s'approprier et adapter à sa personnalité :

1. Installer le groupe en cercle, afin que chacun ait le sentiment d'être à égalité durant le débat. En ce qui me concerne, je préfère que tout le monde soit confortablement installé autour d'une table, ce qui permet de bien circonscrire l'espace, mais on peut aussi se contenter de disposer des chaises en cercle ou de s'asseoir par terre, en rond. Il faut faire avec les moyens du bord.

2. Disposer si possible la Communauté de réflexion dans une salle à part, loin du bruit et des passages qui pourraient venir perturber l'intervention et l'attention du groupe. Si le temps le permet, pourquoi ne pas s'installer en extérieur ?

3. Pour la durée, pas de recette type. Si l'animateur est motivé, il saura motiver le groupe, et l'atelier pourra durer une heure sans problème. Mais cela peut être moins – un quart d'heure, une demi-heure... Je conseille de diviser l'atelier en deux parties : la discussion et une activité. Celle-ci pourra prendre la forme :

- d'un jeu qui pourrait avoir un lien avec le sujet abordé,
- d'une création manuelle,
- d'une sortie (musée de commémoration, cinéma,

spectacle, lieux symboliques…),
- de l'écriture d'une pièce de théâtre qui pourra être jouée devant les parents et suivie d'un débat,
- de la réalisation d'un court-métrage que l'on téléchargera sur le site de la structure, les réseaux sociaux, YouTube…,
- d'un concours de dessin,
- d'un reportage-photos.

Les possibilités sont multiples.

4. Choisir quelques supports adaptés qui permettront de mettre la Communauté en questionnement, de poser une problématique et de lancer le débat. On peut inventer une situation sous forme d'une histoire de quelques lignes qui sera lue par l'animateur ou par les enfants. On pourra chercher un livre en bibliothèque sur le sujet. On peut aussi passer un film ou un dessin animé. Les possibilités sont multiples. En ce qui me concerne, j'utilise des histoires avec les petits (4-6 ans) et je privilégie les photos avec les grands et les ados. Internet regorge de ressources exploitables.

L'étape de préparation de l'atelier est très importante : l'animateur ne peut arriver « les mains vides » devant son groupe. Comme pour tout atelier qu'il met en place, il doit en amont avoir effectué des recherches sur le sujet qu'il souhaite aborder. Il est essentiel que ces recherches soient personnelles afin qu'il puisse s'approprier son sujet. Il existe des livres, des magazines ou des sites ressources sur Internet qui peuvent l'aider dans ce travail préparatoire d'investigation. De nombreux ouvrages de vulgarisation destinés à la jeunesse sont très bien faits et complets sur des sujets comme la violence ou la politesse[16] – ils sont parfois accompagnés de jeux exploitables, il faut y penser.

5. Pour régler le débat, utiliser un bâton de parole. Ce n'est pas forcément l'idéal pour la spontanéité des réflexions contradictoires, mais cela s'avère souvent nécessaire pour éviter la cacophonie. Dans tous les cas, l'animateur doit être strict sur le calme, l'écoute, le respect de la parole de chacun, et veiller à ce que tous ceux qui le désirent puissent s'exprimer (si certains ne veulent pas participer, ne pas les forcer, l'écoute est déjà une façon de s'investir dans le débat – nous parlerons plus loin des « neurones miroirs » et de leur rôle).

6. Prévoir un groupe restreint, de huit à douze enfants au maximum, du même âge si possible. Avec moins d'enfants, les échanges risquent de tourner court, avec plus, tout le monde ne pourra pas s'exprimer.

7. Ne pas porter de jugement sur ce qui sera dit, ne pas faire une « leçon de morale », mais inciter les enfants à réfléchir et à argumenter. La Communauté de réflexion n'est pas un cours et ce n'est pas à l'animateur d'apporter les réponses. C'est en posant

---

[16] Ils sont toujours présents dans les rayons jeunesse des médiathèques. On peut citer les *Goûters philo* de Brigitte Labbé et Michel Puech, édités par Milan, entre autres.

des questions qu'il amène les enfants à argumenter, à justifier leurs affirmations, à approfondir, à casser quelques préjugés et prendre conscience de l'absurdité de certaines réponses toutes faites.

Approches

Il ne faut pas chercher à poser toutes les questions, bien sûr. On en choisira quelques-unes qui semblent les plus importantes et les mieux adaptées à l'âge du groupe.

Pour le questionnement, il y a trois approches possibles :

1. Approche semi-guidée.
L'animateur note une dizaine de questions sur des morceaux de papier que les enfants tireront au hasard, chacun à leur tour. On les laisse répondre avant de passer à la suivante.
Avantages : c'est le moyen le plus simple pour se lancer dans ce type d'atelier ; c'est le plus ludique : chaque participant se sent impliqué et prend plaisir à lire la question.
Inconvénients : les questions tombent au hasard sans progression (à moins qu'on ne les classe, ce qui est possible) ; le débat est guidé et peu spontané ; les débatteurs ne se mettent pas en questionnement par eux-mêmes.

2. Approche dialectique.

L'animateur choisit une seule question (celle qui lui semble la plus pertinente), très générale (exemple : « Insulter, qu'est-ce que ça veut dire ? »), et rebondit sur ce que les jeunes diront pour poser d'autres questions et les pousser à se justifier. Il avance ainsi au fil de l'eau.

Avantages : il s'agit d'une méthode très philosophique, socratique[17], ouverte, axée sur la spontanéité des échanges, l'approfondissement et la contradiction des débatteurs.

Inconvénients : cette technique demande beaucoup de maîtrise, de concentration et d'à-propos de la part de l'animateur ; il faut noter les arguments de chacun afin de ne pas s'y perdre et être suffisamment lucide pour faire avancer le débat sans tourner en rond et sans sortir des clous ; l'animateur peut avoir tendance à orienter le débat pour faire dire ce qu'il veut entendre.

3. Approche lipmanienne[18].

L'animateur ne pose aucune question préalable. Il introduit le sujet par le support prévu (histoire, photos, articles de presse…), puis demande au groupe quelles questions il se pose sur ce sujet – moment que Lipman

---

[17] Du philosophe Socrate (470-399 av. J.-C.), père de la *maïeutique* : méthode discursive qui consiste à faire « accoucher » l'esprit d'un individu d'un savoir qu'il possède déjà en lui sans en avoir conscience.

[18] D'après Matthew Lipman (1922-2010), philosophe et pédagogue américain, concepteur de la première méthode de débat philosophique pour les enfants dans les années 1970.

a baptisé « la cueillette de questions ». Une fois toutes ces questions notées sur un tableau, le groupe en choisit une pour la traiter.

Avantages : les enfants sont pleinement impliqués dans le processus de la problématisation, ils se mettent eux-mêmes en questionnement, ce qui est très motivant ; les échanges sont spontanés et contradictoires, pleinement philosophiques.

Inconvénients : tous ceux de l'approche n°2 ; il peut être difficile aux enfants de trouver des questions pertinentes ; très compliqué avec les petits.

Certains ateliers pourront être réalisés sur plusieurs séances au besoin. Mais l'animateur ne doit pas perdre de vue qu'il ne donne pas un cours : il doit laisser les enfants s'exprimer et trouver les réponses par eux-mêmes. Cette méthode de travail en Communauté de réflexion demande aux enfants de créer de nouveaux automatismes de réflexion et d'expression de leur pensée, cela peut prendre du temps. On aura donc intérêt à travailler sur le long terme.

En effet, les enfants sont peu habitués à ce qu'on leur demande leur avis sans les juger : ils ont l'habitude de chercher la *bonne réponse*, celle que le maître attend, celle qui est dans les programmes scolaires, et d'obtenir une gratification lorsque cela est fait (approbation de l'enseignant, bonne note, bon point).

Dans le cadre d'une Communauté de réflexion, il n'y a pas de *bonnes* ou de *mauvaises réponses*. Il s'agit pour les débatteurs de trouver un compromis autour du sens qu'ils accordent aux mots : de les définir par eux-mêmes, de s'impliquer dans le sens des concepts que, la plupart du temps, ils « avalent » sans réfléchir et qu'au bout du compte ils ne comprennent pas vraiment.

Réfléchir sur des thèmes qui, de près ou de loin, touchent l'autorité, et sur les différents concepts qui y sont associés, permettra aux enfants de prendre conscience que celle-ci ne s'exerce pas sans raison sur eux. Ils se sentiront concernés, la comprendront et la vivront de manière moins contraignante.

De la même façon, une réflexion sur la bienveillance leur permettra de mesurer l'importance de traiter les autres avec gentillesse pour construire un monde agréable pour tous, les plus forts comme les plus faibles.

L'animateur pourra juger surprenant, voire frustrant, de ne pas avoir la maîtrise des échanges et de devoir, dans certaines limites, rester neutre. Dans certaines limites seulement, car certains arguments devront quand même être démontés, ceux qui relèvent de :

- positions extrêmes,
- positions discriminatoires,
- positions révisionnistes sur le plan historique ou scientifique,
- positions complotistes.

Il est important que certaines interrogations ne restent pas sans réponses fermes, notamment lorsqu'elles relèvent du domaine de la science ou du fait historique et non de la métaphysique.

L'animateur gardera toutefois à l'esprit que

l'essentiel pour un enfant, tout petit ou presque adulte, n'est pas de ressortir de cette Communauté de réflexion avec des réponses prémâchées, et vite oubliées, mais avec des questions plein la tête et une curiosité qui l'amènera dans son quotidien à réfléchir, à mettre sa pensée en action pour progresser, et à ne plus s'en tenir aux évidences.

Quelques thèmes et questions possibles

Les règles.

- C'est quoi, une règle ?
- À quoi servent les règles ?
- Comment serait le monde sans règles ?
- Comment ça se passerait au centre de loisirs s'il n'y avait aucune règle ?
- Comment ça se passerait au centre de loisirs si les enfants avaient le pouvoir ?
- Quelles règles sont indispensables pour vivre ensemble au centre de loisirs ?
- Les règles sont-elles utiles ?
- Les règles protègent-elles les moins forts ?
- Tous les enfants sont-ils égaux devant le règlement ?
- Les règles s'appliquent-elles à tous ou y a-t-il des exceptions ?
- Est-ce que les adultes ont le droit de faire tout ce qu'ils veulent ?
- Peut-on être libres même s'il y a des choses interdites ?

- Quelles règles peut-on imaginer pour protéger les enfants ?
- Quelles règles peut-on imaginer pour protéger les personnes handicapées ?
- Quelles règles peut-on imaginer pour protéger les personnes âgées ?
- Quelles règles peut-on imaginer pour protéger les animaux ?
- Quelles règles peut-on imaginer pour protéger la nature ?

Les insultes.
- C'est quoi, une insulte ?
- Pourquoi, parfois, on s'insulte ?
- Peut-on se faire respecter sans insulter ?
- Quelles conséquences peuvent avoir mes insultes ?
- Peut-on s'insulter pour rire ?
- Un geste peut-il être une insulte ?
- Que ressentez-vous lorsqu'on vous insulte ?
- Avez-vous déjà été insulté ? Comment l'avez-vous vécu ?
- Une insulte peut-elle faire aussi mal qu'un coup ?
- La loi française punit-elle les insultes ?
- Y a-t-il des insultes qui ne sont pas graves ?
- Y a-t-il des insultes plus graves que d'autres ? Lesquelles ?
- Qu'est-ce qu'une insulte raciste ?
- Qu'est-ce qu'une insulte sexiste ?
- Voyez-vous beaucoup d'insultes dans les commentaires des réseaux sociaux que vous

fréquentez ?

Les humiliations.

- Qu'est-ce qu'une humiliation ?
- Quelles formes différentes peuvent prendre les humiliations ?
- Quels mots peuvent être humiliants ?
- Quelles photos peuvent être humiliantes ?
- Quels gestes peuvent être humiliants ?
- Une plaisanterie peut-elle être humiliante ?
- Quelles peuvent être les conséquences d'une humiliation ?
- Que peut-on faire contre les humiliations ?
- Comment réagir lorsqu'on est témoin d'une humiliation infligée à un camarade ?
- y a-t-il beaucoup d'humiliations sur les réseaux sociaux que vous fréquentez ?

La violence.

- Qu'est-ce que la violence ?
- La violence verbale, c'est quoi ? Est-elle grave ?
- Pourquoi y a-t-il de la violence parfois ?
- Quelles situations peuvent déclencher de la violence ? Pourquoi ?
- Quelles conséquences peut avoir la violence ?
- La violence est-elle autorisée parfois ?
- Y a-t-il de petites violences et de grandes violences ?
- Les animaux sont-ils violents ou sont-ils juste dangereux ?
- La violence policière et la violence de rue, est-ce

la même chose ?
- Peut-on se battre sans être violent ?
- Peut-on se mettre en colère sans devenir violent pour autant ?
- La violence est-elle un mal nécessaire ?
- Comment éviter la violence ?
- Comment régler un conflit sans violence ?
- Avez-vous déjà été victime, auteur ou témoin de violence ? Que s'est-il passé ? Qu'avez-vous ressenti ? Qu'en pensez-vous ?
- Que doit-on faire quand on est témoin d'un acte violent ?
- Ne pas prendre la défense d'une victime d'agression, est-ce en être un peu responsable ?
- Dénoncer un responsable d'actes violents, est-ce être une « balance » ?

La politesse.

- Quelles sont les règles de politesse ?
- Y a-t-il des règles de politesse plus importantes que d'autres ?
- À quoi ça sert, la politesse ? Est-ce vraiment utile ?
- Êtes-vous toujours poli ?
- Que ressentez-vous quand on ne vous dit pas « merci », ou « bonjour » ou « s'il vous plaît » ?
- Pourrait-on se passer de la politesse ?
- Pourquoi a-t-on inventé la politesse ?
- À quand remontent les règles de politesse à votre avis ?
- Les animaux sont-ils polis entre eux ?

- Comment serait la société sans la politesse ?
- Quelles marques de politesse pourrait-on supprimer ?
- Quelles nouvelles règles de politesse pourrait-on imaginer ?

L'autorité.

- C'est quoi, l'autorité ?
- Qui a l'autorité ?
- À quoi sert l'autorité ?
- Qu'est-ce qu'un abus d'autorité ?
- Certaines sociétés sont-elles trop autoritaires ?
- L'autorité peut-elle être juste ?
- L'autorité est-elle toujours injuste ?
- Que serait une société sans aucune autorité ?
- Autorité et autoritarisme, est-ce la même chose ?
- Peut-il y avoir de l'autorité sans sanction ?
- Peut-on être contre l'autorité ?
- L'autorité peut-elle se faire sans violence ?
- Qu'est-ce que l'autorité bienveillante ?
- Que se passerait-il si les enfants avaient autorité sur les adultes ?
- L'autorité empêche-t-elle d'être libre ?

La sanction.

- À quoi sert une sanction ?
- Est-ce normal d'être sanctionné lorsqu'on ne respecte pas les règles ?
- Peut-on imaginer une société où aucun délit ne serait jamais sanctionné ?
- Les sanctions peuvent-elles être injustes ?

- Les adultes sont-ils sanctionnés parfois ? Comment ?
- Pourquoi faut-il parfois sanctionner ?
- Y a-t-il une différence entre sanction et punition ?
- Comment définir une sanction raisonnable ?
- Les adultes seraient-ils encore obéis s'ils ne sanctionnaient jamais les enfants ?
- Que ressentez-vous quand vous êtes sanctionnés ?
- Avez-vous le souvenir d'une sanction injuste qu'on vous aurait donné ?
- Que pourrait-on faire pour que les sanctions soient plus justes ?

Prolongement

Il serait dommage que tout ce qui a été dit durant ces ateliers ne se perde et soit oublié dans l'heure qui suit. L'équipe éducative aura intérêt à s'emparer de ces moments d'échanges constructifs pour l'inclure dans la vie quotidienne du centre d'accueil.

Un compte-rendu des débats pourra être rédigé par les jeunes eux-mêmes et nourrir un journal, un blog ou la page Facebook de la structure.

On l'aura compris, l'objectif de ces Communautés est d'agir en profondeur sur le comportement des jeunes, d'où l'importance :

- d'une forte mobilisation de toute l'équipe éducative – plus l'équipe sera impliquée et convaincue par cette technique plus elle motivera les jeunes,
- de la formation ou, au moins, de la sensibilisation

des éducateurs aux techniques du débat réflexif[19],
- d'une bonne médiatisation de la teneur des débats,
- de la récurrence des ateliers (plusieurs par semaine durant les vacances).

[19] Pour en savoir plus, je vous conseille deux lectures : *Préparer et animer des ateliers philo* d'Isabelle Pouyau et *Pratiquer le débat-philo à l'école* de Patrick Tharrault, tous deux édités chez Retz.

4
Savoir se positionner devant le groupe

L'autorité est aussi une affaire de positionnement devant le groupe. Nous ne le répéterons jamais assez : l'animateur est un référent, son ascendant sur les mineurs qu'il anime lui confère une grande responsabilité, il se doit d'être exemplaire. La façon dont il parle, les mots qu'il utilise, sa tenue vestimentaire, son maintien, ses gestes, ses expressions, tout compte. Sa dignité, sa générosité, sa sympathie, son humour, son énergie, sa sensibilité, son altruisme, son implication, son intérêt pour les enfants seront autant d'atouts qui assoiront son autorité.

Respecter et se faire respecter

Première condition pour que tout se passe bien : l'animateur doit respecter l'enfant.

Il est impossible pour l'éducateur d'exiger le respect des enfants, des ados ou des jeunes dont il a la charge si lui-même ne les respecte pas en retour. On peut, juste pour garder à l'esprit ces quelques fondamentaux que par distraction il nous arrive d'oublier, dresser une petite liste non exhaustive, en trois points, de quelques règles de bon sens à appliquer en matière de respect.

1. Sur le choix des mots.

L'animateur doit toujours parler correctement à son jeune public, en utilisant des mots choisis, adaptés à l'âge de chacun et d'un niveau de langue élevé. Il ne doit jamais prononcer de gros mots ou faire usage de tournures vulgaires et, évidemment, ne jamais insulter les enfants, leur trouver des petits surnoms humiliants ou faire d'eux l'objet de blagues moqueuses sur des sujets qui peuvent être sensibles pour eux, notablement sur leur physique : leur poids, leur taille...

Au-delà des insultes ouvertes, certaines phrases ou expressions peuvent être considérées comme maltraitantes, a fortiori lorsqu'elles sont proférées aux plus petits :

- « Tu me gonfles »,
- « T'es nul »,
- « Tu ne comprends rien »,
- « T'es mou »,
- « T'es nouille »,
- « Lâche-moi un peu »,

Etc. J'ai entendu bien pire…

Ces mots d'humeur, négatifs ou jugeant, ne sont pas anodins et peuvent laisser des marques profondes. Ils sont démotivants, démoralisants et stressants pour l'enfant, même grand. En aucun cas, ils ne lui feront du bien et ne permettront de faire évoluer positivement son comportement.

L'éducateur doit beaucoup communiquer, prendre du temps pour cela, s'intéresser sincèrement à chacun. Ce n'est pas toujours facile lorsque les effectifs sont au maximum, mais il est possible d'aménager des moments idoines. D'ailleurs, il n'est pas besoin de longs discours pour complimenter un enfant, remarquer un nouveau vêtement ou prendre des nouvelles de sa santé.

Plus l'éducateur sera bienveillant dans ses propos, plus il portera d'intérêt aux enfants, plus il en sera récompensé : une parole bienveillante équivaut à un câlin, un câlin libère de l'ocytocine[20] dans le cerveau, l'ocytocine stimule les comportements empathiques[21].

A contrario, des propos blessants bloqueront la production d'ocytocine, donc toute empathie. Il ne s'agira alors pas seulement d'une faute professionnelle de la part de l'éducateur, mais d'une action contre son propre intérêt.

Il est toujours possible de se placer sur le registre de l'ironie ou de l'humour avec les jeunes, notamment les plus grands, de plaisanter avec eux, mais il faut être vigilant sur la façon dont certaines phrases vont être comprises et ressenties : faire rire quelqu'un ne signifie pas toujours qu'on lui fait du bien. Il y a des tas de

---

[20] Parfois appelée « hormone de l'amour », cette molécule sécrétée par l'hypophyse favorise le lien social.

[21] Pour rappel : l'empathie est notre faculté à ressentir les émotions d'autrui et donc à nous mettre à sa place.

raisons de rire qui ne sont pas motivées par la joie – on peut rire parce qu'on est gêné, parce qu'on ne veut pas passer pour un rabat-joie sans humour, on peut rire pour s'intégrer à un groupe, pour s'attirer la sympathie de ses pairs ou de l'adulte et, au fond de soi, être blessé. Les adolescents, particulièrement sensibles à la transformation de leur corps, peuvent être marqués par des plaisanteries mettant en cause leur image et leur apparence physique.

2. Sur l'intonation.

L'animateur ne doit *jamais crier*, en aucune circonstance, après un enfant, surtout en face à face. S'il élève la voix, que ce soit uniquement pour se faire entendre ou en cas de danger : pour rassembler le groupe, pour alerter, pour informer, jamais pour disputer. Les hurlements adressés nominativement à un ou quelques individus sont à proscrire et à ranger dans les comportements maltraitants, surtout avec les maternelles.

Évidemment, cela arrive et cela arrivera. Un animateur reste un humain, soumis, comme tout humain, à ses pulsions et à ses émotions, et son métier est difficile. Quand cela se produit, il faut prendre le temps de se calmer, peut-être s'isoler un instant, déléguer à un collègue et aller respirer, puis de s'expliquer et, pourquoi pas, de s'excuser. Les enfants culpabilisent d'avoir mis un animateur qu'ils apprécient en colère, ils vivent très mal la chose. Certains d'entre eux vont même lui demander pardon. Il faut donc savoir désamorcer ce processus négatif et repartir sur des bases positives.

L'animateur doit apprendre à contrôler les *éléments paraverbaux* : à poser sa voix, à articuler et à utiliser un ton agréable, enjoué, jovial. Personne n'a à subir sa mauvaise humeur. Avec les plus petits, c'est indispensable. En parlant doucement, lentement, posément, on invite son auditoire à se caler sur le même mode, par effet miroir (cf. un peu plus loin). L'animateur, comme le chef d'orchestre donne la note et impose le rythme.

3. Sur la politesse.

L'animateur doit être aussi poli envers les enfants qu'il l'exige d'eux. Cela semble logique, mais ce n'est malheureusement pas toujours le cas. Il doit être vigilant à ne pas oublier de prononcer lui-même les fameux « mots magiques ». Un « s'il te plaît », même quand on donne un ordre, est toujours bienvenu et permet de faire passer l'injonction.

L'animateur doit se souvenir qu'un adulte aussi peut demander pardon à un enfant. Nul n'est irréprochable et n'importe qui peut se tromper, prendre une mauvaise décision, accuser à tort, avoir un geste d'humeur ou une parole déplacée – encore une fois : un animateur est avant tout un être humain – il doit dans ces cas-là être en mesure de s'excuser. C'est aussi une marque de politesse.

Contrairement à ce que pensent trop d'adultes, *s'excuser ne revient pas à s'humilier*. Il n'est pas question de se mettre à genoux en se frappant la poitrine ou de faire amende honorable sur la place publique, comme c'était l'usage sous l'ancien régime. Non, s'excuser[22] est juste une pratique élémentaire de vivre ensemble. Elle n'est pas évidente pour tous, c'est une démarche psychiquement difficile qu'il faut apprendre à réaliser. C'est un acte de résilience et de réinsertion dans une relation sociale saine et confiante.

Il est constructif pour l'enfant d'observer qu'un adulte admette sa faillibilité et qu'il ne cherche pas à lui imposer l'illusion de sa toute-puissance. Reconnaître l'adulte comme faillible, imparfait, mais digne, humain, capable d'admettre ses erreurs, de les assumer et de les corriger, ne serait-ce qu'en prononçant un mot d'excuse sincère, est pour l'enfant un marqueur très fort d'identification, décomplexant et bénéfique pour sa construction personnelle. De plus, une injustice non réparée émoussera le lien de loyauté avec l'enfant. Ses effets négatifs risqueront de se perpétuer longtemps et de gâcher la relation sur le long terme. Il sera très difficile pour l'adulte d'imposer son autorité à un enfant qui n'aura plus confiance en lui.

L'effet miroir

L'éducateur n'est ni un tyran ni un copain, il est un modèle qui par conséquent se doit d'être irréprochable dans son propre comportement. Il s'agit ici du cadre idéal. Je suis bien conscient que personne n'est jamais

---

[22] Et d'ailleurs, on peut dire : « Je m'excuse ». Il s'agit d'un verbe pronominal, c'est ainsi qu'il se conjugue. Pas la peine de faire du zèle avec des : « Je vous prie de m'excuser » !

irréprochable. Mais c'est ce vers quoi nous devons tendre, en tant que professionnels de l'enfance, c'est notre objectif. Un vœu pieu, mais non déraisonnable et pour cause :

C'est, avant toute chose, en observant le comportement de l'adulte que l'enfant va se modeler.

N'a-t-on jamais remarqué que nous avons tendance à prendre la posture, adopter les mimiques, la façon de parler et les tics de langage de la personne avec laquelle nous sommes en train de communiquer ? Il croise les bras, je croise les bras sans m'en rendre compte ; il sourit, je souris ; il fronce les sourcils, moi aussi. Sans aller jusqu'au mimétisme le plus parfait, mon *empathie* me pousse à adopter certaines attitudes et micro-expressions faciales de mon interlocuteur, à caler mes émotions sur les siennes, elles me permettent de mieux le comprendre.

Des études menées à l'Institut Max Planck (Leipzig, Allemagne), par Michael Tomasello et Felix Warneken, montrent que les enfants sont naturellement doués d'empathie : très tôt (entre 10 et 14 mois), ils sont capables de se mettre à la place de l'autre, de ressentir sa peine, de faire preuve d'altruisme et de réparer une injustice, sans chercher à être récompensés par l'adulte. Ils sont portés spontanément à aider et partager.

Ce « don » inné est renforcé ou amoindri par

l'éducation que l'on reçoit. Renforcée, notre empathie va nous pousser à faire preuve de solidarité et de compassion envers ce qui est le plus étranger, le plus éloigné et le plus différent de nous. Amoindrie, elle ne pourra constituer un repart à l'indifférence la plus totale du sort d'autrui : la porte sera ouverte à la barbarie.

Sur le plan éducatif, cette faculté innée à se mettre à la place de l'autre a de grandes conséquences : un éducateur « transforme » le groupe de jeunes dont il a la charge par sa simple attitude et sa personnalité finit par imprégner son public, il *crée une ambiance…*

Les enfants, même tous petits, sont de fins observateurs et expérimentateurs. Ils se construisent par imitation et reproduction. En cela, le jeu est leur première méthode d'apprentissage : il leur permet de reproduire le monde, de le modéliser pour se l'approprier ; il leur permet aussi de se découvrir eux-mêmes. *C'est un travail très sérieux que le jeu.* Il suffit d'observer un groupe d'enfants en train de jouer à la dînette ou « au papa et à la maman » pour comprendre que tout un monde se joue ici qui dépasse le cadre symbolique : le réel se dévoile par le jeu[23].

Aussi notre présence dans l'univers de l'enfant est-elle notre premier acte éducatif : le simple fait d'être là devant lui est la première pierre posée dans ce qui sera

[23] Sur le jeu comme phénomène transitionnel, on pourra se référer à *Jeu et réalité* de Donald W. Winnicott, publié chez Gallimard dans la collection Folio.

l'édifice final de sa construction.
Et les choses ne s'arrêtent pas là…

Les neurones miroirs[24]

Notre pensée est portée par notre cerveau, lui-même constitué de neurones qui s'associent, se combinent entre eux et créent des circuits qui permettent aux informations de circuler, d'être encodées puis stockées dans les zones appropriées, par un processus chimique et électrique complexe.

Ainsi, en fonction des actions que nous exécutons, différentes zones de notre cerveau sont activées. Ce ne seront pas les mêmes circuits neuronaux qui seront mis à contribution selon que nous plantons un clou, écoutons de la musique ou effectuons une addition ou selon que nous ressentons des émotions de joie, de peur ou de colère.

Il est aisé de comprendre cela, mais ce qui est étonnant, c'est que certains neurones s'activeront dans la même zone du cerveau selon que nous *observons*, *imaginons* ou *exécutons* nous-mêmes une action. Pour le dire simplement : si nous regardons un joueur de tennis, mentalement nous jouons aussi ; si nous observons quelqu'un en train de manger, intérieurement nous mangeons aussi – et d'ailleurs, certains saliveront. Il en est de même pour les émotions : voir

---

[24] Ils ont été découverts dans les années 1990 par l'équipe du Dr Giacomo Rizzolatti (faculté de médecine de Parme, Italie).

quelqu'un rire active notre joie intérieure, voir quelqu'un pleurer active notre tristesse.

Ainsi parle-t-on de *neurones miroirs*, en ceci qu'ils reproduisent *en nous* les phénomènes que nos sens perçoivent à l'*extérieur de nous*.

Les conséquences de cette découverte sont primordiales dans le domaine qui nous préoccupe, car on ne peut plus seulement raisonner en termes d'exemple ou d'imitation (l'enfant imite l'adulte, l'adulte donne l'exemple). Cela va plus loin : des circuits neuronaux sont activés et entretenus par les phénomènes que perçoivent les enfants – un geste affectueux perçu par l'enfant (par exemple, maman et papa se donnent la main ou se prennent dans les bras) est reproduit dans son cerveau ; de même pour les marques d'attention, de politesse, de respect d'autrui, de l'environnement ou des animaux. Plus ces phénomènes seront perçus souvent, plus les circuits neuronaux seront activés, balisés et renforcés, plus ils seront donc constitutifs de leur personnalité et considérés comme « normaux ».

Chez tout adulte, les choses se produisent de la même façon, mais avec moins d'intensité : le cerveau adulte est moins malléable, moins souple, moins modifiable que celui des enfants – on parle de *plasticité du cerveau*. Notre capacité à créer de nouvelles connexions neuronales est davantage réduite, les circuits sont davantage figés, ils sont plus rigides. Notre personnalité est en place. Les nouvelles informations sont plus difficiles à mémoriser, les nouveaux apprentissages plus compliqués à assimiler.

À cela s'ajoute le fait que le cerveau adulte dispose

de moitié moins de synapses[25] que celui d'un enfant de 2 ans. Ainsi les bébés peuvent percevoir plus de sons « étrangers » que les adultes : les informations circulent mieux chez eux et trouvent des chemins qui chez les adultes, qui n'ont pas entretenu ces chemins, sont fermés.

Ces fameux neurones miroirs ne se mettent évidemment pas en veille lorsque nous regardons la télévision. Aussi, les scènes de violence que nous percevons dans un film ou un reportage, nous les *vivons mentalement*. Nous subissons de même les conflits, les disputes, les comportements malveillants. Des canaux se creusent dans notre cerveau et sont entretenus par une exposition prolongée et répétée à certaines images.

Un adulte, dont le cerveau est moins plastique, comme nous l'avons dit, et dont la capacité de raisonnement, d'analyse et de traitement de l'information est plus grande, subira moins les effets négatifs de ce type d'exposition qu'un enfant. C'est donc une responsabilité aussi de ne pas infliger à de trop jeunes enfants des images de scènes violentes (qu'elles soient réelles ou fictives, car notre cerveau ne les différencie pas : la violence dans un film de fiction est traitée, sur le plan neuronal, de la même façon que la violence réelle).

Une autre conséquence majeure de cette découverte réside dans la *communication non verbale*. Les gestes

---

[25] Les synapses sont les connexions entre les neurones : elles permettent la transmission des informations d'un neurone à l'autre. Un cerveau adulte compte environ cent milliards de neurones. Un neurone compte en moyenne dix mille synapses.

que nous produisons, les expressions de notre visage et les intonations de notre voix sont ressentis et vécus par l'enfant comme les siens propres, ils nous mettent pleinement en communion avec lui.

En effet, les neurones miroirs sont à l'origine de notre empathie. Grâce à eux, rappelons-le, nous sommes en mesure de rire, pleurer et nous étonner avec autrui.

Aussi, dans son approche pédagogique, un éducateur aura tout intérêt à mesurer et contrôler ces facteurs. Sa colère peut lui être brutalement renvoyée, de même que sa bonne humeur, ses sourires et ses rires. Il aura tout à gagner à créer une atmosphère bienveillante et chaleureuse autour de lui, les enfants la capteront, la ressentiront, la vivront mentalement, l'imiteront et en auront tous les effets bénéfiques.

Seconde condition pour que tout se passe bien : l'animateur doit se faire respecter par l'enfant.

Dans la mesure où l'animateur honore les trois points fondamentaux susnommés – les *quelques règles de bon sens à appliquer en matière de respect* – il est en droit d'exiger la réciproque.

Nous pouvons donc les reprendre ici :

- L'animateur doit exiger que l'enfant lui parle correctement.
- L'animateur doit exiger que l'enfant s'adresse à lui avec une intonation mesurée (ne pas se laisser « aboyer » dessus).

- L'animateur doit exiger l'application des règles élémentaires de politesse. Il n'y a aucune raison de satisfaire à une demande qui ne serait pas accompagnée d'un « s'il te plaît ». De même, en arrivant, on se dit « bonjour » et, en partant, on se dit « au revoir », c'est le minimum, mais c'est suffisant. Les bisous, eux, ne sont pas obligatoires : l'enfant a bien le droit de les refuser.

Lorsqu'il parle à un enfant, l'animateur doit solliciter une réponse. C'est la moindre des choses que de ne pas se faire snober. S'il y a des raisons profondes à ce qu'un enfant refuse d'adresser la parole à un animateur, il convient d'en trouver l'origine. S'il s'agit d'un petit caprice, ce n'est pas la peine d'insister trop longtemps ; on peut faire remarquer la chose et, le moment venu, renvoyer l'ascenseur sans être blessant : « Tu te souviens que tu n'as pas voulu me répondre tout à l'heure ; à présent, tu veux que moi je te réponde et tu vois que je le fais... Que ressentirais-tu si je ne te répondais pas ? Et moi, à ton avis, qu'ai-je ressenti lorsque tu ne m'as pas répondu ? » Même s'il ne trouve pas la réponse tout de suite, son cerveau réfléchira malgré lui sur cette question. *Le cerveau humain adore les questions*. Il n'est pas nécessaire qu'un enfant obtienne toutes les réponses sans attendre. Au contraire, comme nous l'avons déjà dit, il est bien plus constructif de l'accompagner dans des investigations personnelles et de le laisser spéculer un peu : c'est ainsi, par ses questionnements, par sa curiosité, qu'un individu apprend à penser.

Lorsqu'un enfant est trop familier, l'animateur doit le lui faire remarquer et placer *immédiatement* une limite, toujours sans être agressif : « Non, je refuse que tu me parles comme ça. » Ne jamais laisser passer une familiarité. Pris dans un jeu, un enfant peut avoir tendance à se laisser aller envers l'animateur : on lui tire la langue, on lui donne un petit surnom ou un petit coup au passage… Ne pas tolérer ça, même une seule fois. Réagir tout de suite verbalement : « Non, je ne suis pas d'accord, tu ne me fais pas ça. » Il n'est pas utile de monter sur ses grands chevaux. L'enfant doit être conscient de la distance qu'il y a entre lui et l'adulte.

Il est primordial de prévenir l'enfant des frontières qu'on ne lui autorise pas à franchir. Si cela n'est pas fait d'emblée, il prendra ses aises, pensant que c'est toléré. Il ne sera plus temps, quand un petit écart de langage sera devenu un mode de communication ouvertement injurieux, d'exiger réparation. La partie sera perdue. Il sera difficile de revenir en arrière.

D'une façon générale, un éducateur qui accepte trop de familiarité doit s'interroger profondément sur sa pratique, sur les bénéfices qu'il en tire et sur les effets qu'elle produit.

En cas d'insulte ou de geste déplacé, l'animateur doit exiger des excuses et sanctionner. Surtout ne pas attendre. Pour être opérante, la réparation, toujours sans brutalité, doit être immédiate[26], a fortiori avec les plus petits. Une heure après, tout le monde sera passé à autre chose, il ne sera pas opportun de revenir sur un événement négatif.

Avec les plus grands, il est plus facile d'opérer un retour sur un moment particulier de la journée où il y a eu dérapage. Cela peut avoir lieu en fin de journée. On peut, une fois les esprits calmés et toute tension retombée, prendre un jeune à part pour demander des explications et recadrer la relation, dans une *discussion bienveillante*[27], si possible sans jugement, qui ne sera pas une leçon de morale, mais une mini Communauté de réflexion. Cela permettra d'apposer des mots sur les ressentis, les émotions et les sentiments de chacun.

Je pense que c'est nécessaire, même s'il y a eu sanction, même s'il y a déjà eu des excuses de prononcées. Selon la gravité de l'événement, un *débriefing* est salutaire pour l'animateur, mais aussi pour le jeune qui, à n'en pas douter, culpabilise d'avoir franchi la ligne. Il est important qu'il ne rentre pas chez lui avec une trop lourde charge émotionnelle négative.

S'adapter

Encore une fois, c'est aussi à l'animateur de trouver

---

[26] D'après les travaux du psychologue américain B.F. Skinner (1904-1990) et du mouvement behavioriste, nous y reviendrons dans le chapitre 5.

[27] Voir au chapitre 5.

son style en fonction de sa personnalité. Il ne faudrait pas croire que l'objectif de ce livre est de construire un animateur type. Non. Si nous devons tendre à accomplir notre mission de la façon la plus professionnelle et bienveillante possible, cela ne signifie pas qu'il faille renier notre personnalité, avec ses qualités *et* ses défauts, notre histoire, notre culture, nos goûts… autant d'atouts personnels qui nous humanisent aux yeux des enfants et que nous pouvons partager.

Partager, pas imposer.

Car l'animateur doit aussi être en capacité de recevoir les jeunes, d'accueillir leur univers dans son univers à lui, de se mettre à la portée du public auquel il a affaire pour se faire entendre et comprendre. Une bonne connaissance des jeunes, de leur milieu, de leurs références est d'une aide précieuse. Il est évident qu'on n'impose pas son autorité de la même façon avec des enfants de 4 ans qu'avec des jeunes de 15 ans, il faut s'adapter. De la même façon : une ville, un quartier, le fait d'exercer à la campagne ou en cité, dans un milieu très défavorisé ou privilégié (même s'il faut être prudent avec ce genre de classement socioculturel), tout cela change la donne et peut nécessiter quelques ajustements par rapport au langage et aux références qu'on utilise pour se faire comprendre.

Mais sans tomber dans la démagogie non plus. Un éducateur doit toujours être exigeant avec soi-même et avec son public : s'adapter, partager l'univers et la culture des jeunes n'équivaut pas à chercher à faire partie du groupe. Nous y reviendrons en fin de chapitre.

Constance et cohérence

Voilà les maîtres mots du travail éducatif : être constant dans ses décisions disciplinaires, être cohérent avec la situation et avec les valeurs qu'on défend.

Être constant

Il ne s'agit pas de dire un jour bleu un autre rouge, en fonction des circonstances ou de son humeur du jour. Il n'y a rien de plus déstabilisant pour un enfant qu'un adulte lunatique, qui donne le sentiment de ne pas savoir où il va ni ce qu'il veut. Être constant dans ses décisions, c'est non seulement apporter de la clarté, mais c'est aussi rassurer, ne pas stresser les enfants. C'est donc un facteur essentiel dans la gestion d'un groupe.

En cela, il faut être clair dans sa tête sur les règles : savoir ce qui est permis et ce qui ne l'est pas. Et s'en tenir là. A priori ça ne semble pas compliqué. Et cependant ça peut l'être : à cause de la fatigue, d'un manque de lucidité, d'un manque de concentration…

De plus, lorsque l'animateur exige tel comportement des enfants, après le leur avoir signifié et expliqué, il doit l'exiger en tout temps, ne pas laisser passer un écart de conduite une fois sur deux voire deux fois sur trois.

Il est interdit, par exemple, de courir dans les couloirs de la *MJC des Bons-Enfants*. Par conséquent, si un enfant court, matin, midi ou soir, qu'il fasse beau ou qu'il pleuve, que l'animateur soit fatigué ou usé de l'avoir répété cent fois, il doit lui dire de s'arrêter, lui expliquer pourquoi (sécurité, règlement intérieur…) et lui faire refaire le trajet en marchant. Idem pour le balancement sur les chaises à la cantine, le lavage des mains après les toilettes, etc.

Être constant signifie aussi exiger un *résultat immédiat.* Reprenons l'exemple du jeune qui court dans les couloirs de la *MJC des Bons-Enfants*. S'il court vers la sortie et que je lui crie : « Dis donc ! On ne court pas ici ! », alors qu'il est déjà dehors et s'en fiche pas mal, je ne dois surtout pas laisser la situation dans cet état. Je dois le faire revenir, lui expliquer la situation ou, mieux, lui demander d'expliquer lui-même pourquoi je le fais revenir, puis le laisser ressortir en marchant (*conséquence logique*[28]).

Bien sûr, les circonstances ne le permettent pas toujours. La fatigue est de ce point de vue un redoutable ennemi. Un animateur fatigué n'aura pas toujours la force d'être constant. Est-ce pour autant qu'il doive laisser passer ? Non, mieux vaut alors noter ce qui ne va pas dans un coin de sa tête et revenir dessus lors d'un moment approprié.

Surtout, l'animateur doit faire en sorte que jamais ses interventions ne restent lettres mortes et sans conséquences. Et qu'il n'oublie pas que « Eh ! » et « Oh ! » ne sont pas des arguments disciplinaires et ne

---

[28] Voir chapitre 5.

servent à rien sinon à faire du bruit ! Il faut verbaliser !

Être cohérent

Être cohérent, c'est avant tout *mettre ses actions en conformité avec ses paroles*, ce qui n'est pas le cas pour de nombreux adultes. Nous avons déjà évoqué le rôle primordial de l'imitation dans l'éducation et des neurones miroirs dans notre cerveau. Or, il est extrêmement perturbant pour un enfant qu'un adulte lui interdise de l'imiter.

Pour certains parents, ces interdictions semblent logiques : la maman et le papa, en ceci qu'ils sont majeurs, disposent de davantage de droits que leurs enfants. L'enfant comprend très bien cela lorsque ces actions touchent des domaines qui appartiennent exclusivement au « monde des adultes » : conduire une voiture, travailler pour gagner sa vie, se marier, boire, fumer… Un enfant, si on lui explique ce que c'est que *grandir*, ce que signifie *devenir adulte*, pourra facilement intégrer l'idée que ce monde-là, accompagné de ces actions-là, ne lui est pas encore accessible. Il est même nécessaire qu'il le comprenne.

Certains parents préféreraient parfois ne pas le faire, mais, en tant qu'adultes, ils ont le droit de fumer et de boire. On peut expliquer les risques de tels comportements aux enfants, mais assumer de les prendre parce qu'on a le choix, en tant qu'individu majeur responsable de ses actes et en mesure d'en assumer seul les conséquences. Cela relève de la liberté individuelle.

Mais certains adultes, utilisant le même prétexte, vont faire entrer dans cette sphère des actes qui ne relèvent pas clairement, ou clairement pas, du *monde exclusif des adultes*. Par exemple : crier, frapper, être impoli, insulter, jeter ses détritus dans la rue, griller les feux rouges, faire preuve d'irrespect envers autrui, brutaliser les animaux, etc., ne sont pas les attitudes normales d'un adulte éduqué. L'enfant voit ces comportements et les imite bien sûr. Il se dit : « Tiens, on a le droit d'insulter un copain quand il nous énerve. On a le droit de frapper pour obtenir ce qu'on veut... » Or s'il se fait punir parce qu'il s'est contenté de faire la même chose que l'adulte, il vivra cela comme une injustice et sera plongé dans l'incompréhension : « Je ne comprends pas, je vois mon père insulter les gens quand il conduit et je n'ai pas le droit d'insulter un copain quand je fais du vélo dans la cour de l'école ? Pourquoi je suis puni et pas lui ? »

Certaines actions relèvent du vivre ensemble et du respect de l'ordre public : elles n'entrent donc pas dans la sphère de la liberté individuelle de l'adulte responsable. Les lois de la société et les règles de vivre ensemble, *en principe*, s'appliquent à tous. Il est impossible pour un adulte de demander à un enfant de s'y plier s'il ne s'y plie pas lui-même, que cet adulte soit son parent, son enseignant, son animateur, son chauffeur de bus, son surveillant de cantine, ou toute autre personne qui interfère dans son éducation – ce qui fait beaucoup de monde, comme le dit le proverbe africain : « Il faut tout un village pour élever un enfant. »

Une attitude *incohérente* du parent envers son enfant sera très vite détectée par ce dernier et posera de gros problèmes dans sa construction psychologique. À l'adolescence, ces problèmes grossiront encore et ne manqueront pas d'exploser dans une légitime révolte. Il ne sera plus admissible pour l'adolescent qu'on lui impose des règles comportementales qu'on ne s'applique pas à soi-même. Et, comme cette frontière sera franchie, pourquoi ne pas franchir les autres : fumer, boire, prendre la voiture d'un copain… ? Quitte à entrer avant l'âge dans ce que l'on croit être le *monde des adultes*, autant y entrer par la grande porte.

Pour un parent, être cohérent consiste également à mettre ses actions à la hauteur de ses valeurs. Il est impossible de tenir un discours de générosité et de tolérance auprès de ses enfants si on refuse qu'il partage leur goûter avec les copains. On ne peut pas prétendre défendre l'environnement et jeter sa canette de soda par la fenêtre de sa voiture. Encore une fois, l'adolescent ne manquera pas de mettre bon ordre dans ce double-discours et de relever, parfois de manière brutale et conflictuelle, les contradictions dans l'éducation qu'il a reçue.

Pour ce qui concerne l'éducateur, c'est la même chose. Pour tout ce qui touche aux lois de la société et aux règles de vie collective élémentaires, il ne pourra en aucun cas les défendre auprès des enfants s'il ne les respecte pas.

Dimitri est animateur saisonnier. Étudiant le reste de l'année, et sans enfants, il a pris quelques mauvaises habitudes de jeune garçon insouciant. Sur le chemin de la cantine où il accompagne les enfants, il vérifie dans sa poche s'il n'a pas oublié de prendre la clef de la grille d'entrée. Oui, elle est bien là, à côté d'un vieux ticket du centre commercial où il a l'habitude de faire ses courses. Il sort machinalement le ticket et, sans même y réfléchir, le jette dans le caniveau. Matis, 7 ans, qui le suit dans le rang, s'en aperçoit et lui fait remarquer que ce n'est pas bien de jeter ses papiers dans la rue. C'est en tout cas ce que ses parents lui ont appris. Dimitri, gêné de se faire ainsi reprendre par un « petit » ne veut pas perdre la face et, plutôt que de reconnaître son erreur, sort une mauvaise excuse pour se justifier : « Oh, c'est pour que les balayeurs de la ville ne perdent pas leur travail. » Cette réflexion donne matière à penser à Matis. Plus tard, à la cantine, il jette son pot de yaourt par terre. Évidemment, et fort logiquement, Dimitri lui en fait le reproche et lui demande de le ramasser. Matis lui répond : « Mais, c'est pour que la femme de ménage de la cantine ne perde pas son travail. »

Faire preuve de cohérence, pour l'animateur, c'est aussi *hiérarchiser les urgences.* Par exemple, savoir mesurer en certaines circonstances la faisabilité d'une décision disciplinaire. En effet, il peut se trouver des moments où il vaut quand même mieux abandonner (mais uniquement sur des points de moindre importance). On n'a pas toujours intérêt à briser le rythme d'une animation pour un petit écart de conduite. L'animateur doit toujours être exigeant avec les enfants, être constant dans cette exigence, mais il doit aussi être en mesure d'apprécier si la situation autorise un peu de laxisme. *Il faut tolérer le tolérable.*

L'animateur doit définir certaines priorités, quitte à différer une sanction (même s'il est toujours préférable de sanctionner sur le fait, comme nous l'avons vu).

Par exemple, si on a du mal à s'en sortir dans une activité manuelle compliquée, on n'aura pas forcément le loisir de reprendre un enfant qui vient de courir dans le local (surtout s'il est sorti à l'extérieur et que le groupe que l'on est en train d'animer manipule des ciseaux). C'est incohérent. Hiérarchiser les urgences consistera alors à d'abord gérer le groupe et remettre à plus tard la mise en garde envers le jeune fautif.

De même, en cas de fatigue, mieux vaut ajourner que d'intervenir sur le fait lorsqu'on se sent émoussé émotionnellement. Lorsque cela est possible, il faut déléguer à un collègue pour gérer une situation qui nous dépasse. On notera l'événement dans un coin de sa mémoire et reviendra dessus une fois reposé. Avec la lassitude, un événement anodin peut très vite se corrompre avec les jeunes et, pire, dégénérer en violence verbale, voire physique. Lorsque les émotions l'emportent sur la raison, il y a risque de dérive. L'animateur doit, dans ces moments de crise, revenir, encore une fois, à ses principes éducatifs les plus fondamentaux : ne jamais mettre les enfants en danger (*article 0* de l'animation) et ne pas se mettre lui-même en danger. Considérons que nous sommes humains, faits d'humeurs et d'émotions, et que nous n'avons pas toujours le dessus sur une situation. Ce n'est pas un drame, et on apprend aussi grâce à ses échecs.

Être cohérent, enfin, c'est être *proportionné dans ses*

décisions, être raisonnable, juste[29]. C'est faire preuve de bienveillance.

Comme nous l'avons déjà évoqué, le sentiment d'injustice est très mal vécu par les enfants, il peut dégrader une situation et laisser s'installer un climat peu propice à une relation sereine.

Une sanction disproportionnée est considérée comme injuste, elle est *stressante*. Le stress enclenche un processus hormonal dans notre cerveau, répercuté sur tout notre corps, dont les conséquences sont catastrophiques pour notre santé, notamment lorsque nous sommes soumis au stress très petit et sur le long terme. Cela peut aboutir à de gros problèmes de comportement, à un dérèglement émotionnel et des difficultés de concentration, entre autres choses[30].

Face à une sanction disproportionnée, comme n'importe quel être humain en situation de stress, l'enfant réagira de trois façons possibles, en fonction de son tempérament :

1. *Par l'agression* : il se révoltera avec plus ou moins de violence, verbale ou physique, provoquera, insultera, tapera dans les murs, ou sur un copain, ou sur l'animateur, refusera de se plier à la sanction...
2. *Par l'inhibition* : il sera tétanisé, bloqué, en pa-

[29] Quelques outils nous y aideront comme nous le verrons au chapitre suivant.

[30] La liste des méfaits du stress sur la santé est très longue. Le stress est une cause majeure de mortalité en France, notamment à cause des problèmes cardiovasculaires qu'il provoque. Nous décrivons plus avant ces manifestations dans le chapitre 5.

nique, bouleversé intérieurement, il pourra se mettre à pleurer, à trembler, ne comprenant pas ce qui lui arrive…

3. *Par la fuite* : il se détachera de la situation, fera comme s'il n'était plus là, comme s'il n'était pas concerné, comme si tout cela ne l'atteignait pas (« Cause toujours… »), ce qui lui permettra en outre de ne pas perdre la face et de garder un sentiment de contrôle.

En aucun cas, l'objectif éducatif d'une telle sanction n'aura été profitable. Et en aucun cas, on ne saurait tenir rigueur aux enfants de ces trois types de réactions *biologiques* normales et propres à tout être humain équilibré.

Il ne s'agit donc pas de faire montre d'un autoritarisme aveugle. Ce type d'exercice arbitraire du pouvoir rompt la relation affective entre l'adulte et l'enfant. Il est catastrophique et à bannir absolument.

Un adulte référent qui sait faire preuve de magnanimité et de justesse dans ses décisions donne le sentiment de maîtrise (de lui-même et de la situation), de confiance et de sagesse. Cela rassure, apaise, assoit l'autorité et *verticalise* la relation entre le jeune et l'adulte.

Faut-il se faire aimer pour se faire respecter ?

L'animateur n'est pas là pour *se faire aimer*. Ce n'est pas un enjeu éducatif au sens strict.

Ce serait une grosse erreur que de croire que l'on va s'attirer la sympathie d'un groupe en l'achetant (avec des bonbons ou des petites gratifications, voire des câlineries), en étant très permissif, pas contrariant, etc., et s'imaginer que cela va nous rendre la tâche plus facile sur le plan de l'autorité.

Pour autant, comme nous l'avons abordé précédemment, il ne saurait y avoir de pédagogie efficiente sans une réelle attention et affection portée aux enfants de la part de l'éducateur.

Tentons alors d'y voir plus clair.

Verticaliser la relation

L'éducateur n'est pas un copain. S'il peut partager des points de vue, des réflexions, recueillir des confidences, s'adapter aux références du groupe pour se faire comprendre, adopter quelques habitudes de langage des jeunes ou des codes pour communiquer, il ne doit jamais sombrer dans la démagogie et se comporter comme un membre du groupe qu'il est censé animer. C'est un risque qui touche particulièrement les éducateurs qui travaillent avec un public adolescent et plus âgé.

Il est troublant de ne pas toujours être en mesure de distinguer l'animateur des jeunes dont il a la charge : même accoutrement, même langage, même comportement… Se faire aimer n'est pas se faire adopter, et l'on aurait tort de penser qu'être dans le mimétisme avec les jeunes est une garantie de respect.

C'est par la relation de confiance que l'éducateur saura instaurer avec les ados que son autorité prendra sa mesure, dans sa capacité à :

- les écouter,
- les comprendre et les accepter sans jugement,
- les protéger sans les infantiliser,
- les responsabiliser sans les abandonner.

La réciprocité dans le lien de confiance est par ailleurs essentielle dans la relation à l'adolescent : pour obtenir sa confiance, l'adulte doit d'abord lui faire confiance. Pour le dire autrement : l'adulte ne doit pas l'empêcher de grandir.

La distance est plus difficile à trouver pour un professionnel qui travaille avec des adolescents que pour celui qui travaille avec l'enfance. D'une part, parce que le risque de mimétisme est plus grand, comme nous venons de le dire, d'autre part parce que l'autorité avec les grands passe d'abord par la personnalité de l'adulte qui sera acceptée ou pas. Si celle-ci ne l'est pas, il sera impossible pour celui-ci d'imposer son autorité.

Pour autant, répétons que le concept central en la matière est la confiance, ce n'est ni l'indifférenciation (on peut être très différent de son public et bénéficier de sa pleine considération), ni l'excès d'affection (le groupe à animer n'est pas un groupe d'amis, chacun doit rester à sa place).

Qu'on le veuille ou non, l'animateur n'entretient pas un rapport d'égal à égal avec les jeunes, quel que soit leur âge. C'est un professionnel qui effectue un travail éducatif, il se doit donc de prendre de la hauteur dans sa relation avec son public : montrer que c'est lui le responsable, qu'il est le garant de l'autorité et du respect des règles.

Humaniser ses rapports

En revanche, même s'il ne doit jamais baisser la garde sur ses exigences, rien n'interdit à l'animateur de plaisanter avec les enfants, de s'amuser et rire avec eux (souvenons-nous du rôle des neurones miroirs et de l'ocytocine), d'établir un contact, d'avoir des gestes affectueux (s'ils ne sont ni déplacés, ni tendancieux, ni systématiques), comme prendre par les épaules un enfant qui vient de tomber, de s'intéresser à son quotidien, de le laisser se raconter et de partager des points de vue personnels ; bref, d'humaniser les rapports, de créer une ambiance sécurisante et sympathique à l'égard du groupe qu'il encadre.

Il faut rappeler qu'un *animateur qui n'est pas aimé n'est pas non plus respecté*. Mais attention, l'inverse est aussi vrai : *un animateur qui n'est pas respecté n'est pas aimé*. Il s'agit de trouver le bon dosage et d'alterner, selon les circonstances, les moments de forte exigence disciplinaire et les moments décontractés, plus permissifs, ou l'affectif est sollicité. Les deux peuvent être mêlés : on peut sanctionner un enfant sans rompre le lien de confiance. Il suffit d'être juste, constant et cohérent, et de bien expliquer ses décisions. Sanctionner ne veut pas dire abuser de son autorité, c'est un acte mesuré, éducatif qui doit être explicité et compris comme tel. De la même façon, le respect et la crainte sont deux notions différentes : le respect est accompagné d'une forme de considération, voire d'admiration, la crainte est suscitée par la peur, elle brise la relation bienveillante entre l'adulte et l'enfant, elle le prive de sa liberté d'adhésion.

Parlons de lien affectif

Il est illusoire de penser pouvoir éduquer en ne s'appuyant que sur sa raison, d'une manière robotisée, par l'application froide et rationnelle de principes théoriques. L'éducateur, en ceci qu'il est humain et qu'il a affaire à l'humain, dans toute sa complexité et ses dimensions (psychologiques, affectives, sociales, intellectuelles…) ne peut se soustraire à l'aspect émotionnel de son métier.

Mais il conviendrait de dire qu'il est souhaitable d'établir un *lien affectif* avec son jeune public plutôt que de parler de *se faire aimer*. Cette clarification est importante. Créer un lien affectif engage la relation sur le terrain des émotions partagées entre l'adulte et le mineur. C'est un protocole éducatif sain qui n'a rien à voir avec un quelconque manque d'amour, de tendresse, de maternage ou de paternage que l'adulte chercherait à compenser. La relation affective que l'éducateur établit avec les enfants ne vise pas à combler un besoin personnel de sa part, elle n'est pas thérapeutique.

Il est fort préjudiciable pour le mineur d'être instrumentalisé par l'adulte et utilisé comme une sorte de médicament qui lui servirait à le soigner sur le plan de ses affects. L'enfant n'est pas une armoire à pharmacie et il ne faudrait pas inverser les rôles : c'est l'enfant qui a besoin d'être choyé, consolé et soigné par l'adulte, pas le contraire. Le psychanalyste Moussa Nabati, dans son livre *Guérir son enfant intérieur* (Fayard, 2008), nomme ces enfants « pharmacos » en ceci que leurs parents les utilisent pour soigner leur carence affective infantile. En d'autres termes, ces enfants-remèdes jouent le rôle de parents de leurs parents, visant à combler le manque d'amour que leur maman ou leur papa n'a pas reçu de ses propres parents. Les enfants-remèdes développent à l'âge adulte un grand nombre de troubles dépressifs et des difficultés à nouer des liens amoureux stables non dépendants.

L'éducateur n'a donc pas à chercher à se faire aimer des mineurs. S'il est aimé, il le sera naturellement, à sa juste place.

Ceci étant clarifié, il est essentiel que l'éducateur sache créer un *rapport affectif émotionnel positif* avec les jeunes dont il a la charge, qu'il soit dans l'empathie, la sympathie et qu'il sache contenir ce rapport dans un cadre professionnel grâce à tous les outils dont il dispose.

5
Les outils d'une autorité bienveillante

Une sanction n'est jamais donnée de gaîté de cœur. Il ne faut jamais en abuser même s'il faut parfois y recourir.

Sanctionner n'est pas punir, ni soumettre, cela relève d'une décision pédagogique réfléchie, mesurée, adaptée, cohérente, proportionnée et qui fait sens pour l'enfant.

Dans ce chapitre, nous abordons des outils extrêmement concrets et opérationnels, faciles à appliquer en tant qu'animateur, enseignant et parent.

Nous y verrons la différence entre une punition et une conséquence logique, ainsi que quelques méthodes positives pour recourir à une autorité bienveillante, une autorité qui ne soit pas toujours répressive.

Punitions et conséquences logiques

Dans la famille des sanctions, je demande la *punition* et la *conséquence logique*…

Mais quelle est la différence ?

Pour bien la comprendre, nous pouvons passer par l'excellent film de Christophe Barratier, *Les Choristes* (sorti en 2004). Tout le monde n'a peut-être pas vu ce film musical, aujourd'hui adapté au théâtre. Dans ce cas, je vous invite à le faire, pas seulement pour les chansons, mais parce qu'il illustre trois conceptions de l'autorité éducative :

- La première, symbolisée par le directeur Rachin (interprété à l'écran par François Berléand), est une conception *ultra-répressive*, *violente*, voire *sadique*, dans la lignée des *Aventures de Tom Sawyer*. C'est une conception d'un autre âge, militaire, où l'enfant est enjoint à rentrer dans le rang à grands coups de trique.

Nous ne développerons pas cette approche pour des raisons évidentes. D'ailleurs, dans le film, on se rend compte que cette « méthode » (si l'on peut parler de méthode) ne fonctionne pas : les élèves les plus endurcis s'endurcissent davantage, et l'aventure ne se terminera pas bien pour Rachin.

- La deuxième, symbolisée par le pion Chabert (le personnage de Kad Merad), est *traditionnelle*, sévère mais juste, simpliste mais classique dans sa théorie qui se résume à ces mots prononcés par Chabert lui-même : « Action : réaction ! » Dans cette approche, l'éducateur est plein de bons sentiments, il punit de manière proportionnelle à la faute, et croit agir dans l'intérêt de l'enfant pour lequel il a de l'affection.

Cette approche est celle de la punition traditionnelle, telle qu'elle est encore pratiquée aujourd'hui dans de

nombreuses familles et établissements.
- La troisième est *progressive*, c'est celle du personnage de Gérard Jugnot, le pion Clément Mathieu. Dans cette approche moderne, l'éducateur met en valeur les réussites de l'enfant au lieu de pointer du doigt, systématiquement, ses fautes. Conscient que la répression automatique ne contribue qu'à renforcer des comportements inappropriés sur des enfants qui sont déjà en carence affective, il tente, par la mise en place de procédés positifs (la création d'une chorale), de valoriser ce que chaque individu a de meilleur en lui.

Mathieu exerce une autorité bienveillante, préférant la conséquence logique à la punition. Nous allons voir comment un peu plus loin.

La punition

On ne la connaît que trop bien, hélas : mettre en retrait, « au coin », donner des lignes, etc. Elle est dénuée de sens et déresponsabilise l'enfant (qui se tient bien pour ne pas être puni et non parce qu'il a compris pourquoi il doit bien se tenir). Elle stresse l'enfant et détériore la relation affective avec l'éducateur.

Notons que pour être efficace, une punition doit être, au minimum :

- *expliquée* – demander à l'enfant de revenir oralement sur ce qu'il vient de faire, lui faire réaliser que son comportement n'était pas adapté ;
- *exceptionnelle* – surtout pas automatique, surtout

pas quotidienne ;
- *de courte durée* – ne jamais donner de punitions interminables, de celles que nous avons pu connaître : copier cent fois une phrase, rester assis pendant une demi-heure dans un coin ;
- *non humiliante* – inutile de faire mettre les mains sur la tête ou dans le dos à un enfant à qui l'on demande de rester debout deux minutes, de souligner un mauvais comportement avec emphase devant tout le groupe…

La punition est une solution de facilité. En réalité, elle arrange l'éducateur qui n'a pas à se poser de questions (« Action : réaction ! » profère Chabert, avec toute la bonne foi de sa logique). Mais, en aucune façon, elle n'est dans l'intérêt de l'enfant. On tentera donc de l'éradiquer de toute pratique éducative sur le long terme. On se réservera le droit de l'utiliser, avec beaucoup de prudence et de pondération, le temps de se familiariser avec les autres outils de l'autorité bienveillante dont il est fait description dans la suite de ce chapitre : des outils plus efficaces et bénéfiques, mais qui, il faut le reconnaître, demande de la part de l'éducateur davantage de maîtrise, d'expérience et de compétences.

En revanche, on ne saurait tolérer l'excès sous aucune forme dans la punition. Un peu de Chabert peut encore passer, mais surtout jamais de Rachin !

Notons qu'une décision aussi anodine que mettre au coin cause des dégâts terribles dans le cerveau de l'enfant, elle bloque sa maturation, le stresse et empêche les aires de contrôle des émotions de se développer normalement. Il s'agit d'une sanction pleinement traumatisante qui n'a aucun autre but que de l'humilier. C'est une maltraitance à proscrire.

Pour simplifier à l'extrême, on pourrait comparer la punition à un *serpent qui se mord la queue* : l'éducateur punit un enfant qui se comporte de façon inappropriée => la punition bloque le développement des zones du cerveau qui permettent à l'enfant de se comporter de façon appropriée => l'enfant se comporte de façon encore plus inappropriée => l'éducateur punit davantage l'enfant. Et ainsi de suite.

Plus la punition est grande, plus le serpent grossit.

Dans *Les Choristes*, l'élève Pascal Mondain incarne la figure de la petite brute ultra-violente. À la fin du film, il met le feu à l'internat du *Fond de l'étang*. Mais il n'est pas né « Pascal-Mondain-la-petite-brute », il l'est devenu petit à petit avec le concours de son entourage familial et social. On peut supposer que les punitions puis les coups qu'il aura reçus toute sa vie, parallèlement à un manque d'affection et de bienveillance, n'auront fait qu'atrophier les aires lui permettant d'entrer en empathie avec les autres, de se socialiser, et les aires relatives aux actions morales (qui sont les dernières à se développer et à se fixer dans le cerveau humain). C'est donc sans aucun scrupule qu'il met le feu à l'établissement du directeur Rachin, pour se venger, sans s'inquiéter le moins du monde des victimes qu'il peut faire.

La conséquence logique

À l'inverse de la punition qui, rappelons-le, ne fait pas sens, la conséquence logique, bien que demeurant une sanction, est reliée à la faute commise par un *lien de causalité*. Elle permet à l'enfant de réfléchir sur la nature de ses actes – soit en les exécutant de nouveau de la bonne manière, soit en réparant les dégâts occasionnés – et donc d'éliminer les comportements indésirables.

Prenons quelques exemples :

- *Comportement indésirable* : je cours dans le couloir => *Conséquence logique* : je dois refaire le parcours en marchant.
- Je rentre de façon tonitruante dans la salle d'activité => Je dois ressortir et faire une entrée discrète.
- Je me balance sur ma chaise => On me retire ma chaise et je reste debout pour une durée limitée.
- Je détruis le travail d'un copain => Je dois le refaire.
- Je jette les jouets partout dans la pièce => Je dois ranger les jouets.
- Je barbouille le mur avec la peinture => Je dois nettoyer le mur.
- Je hurle => Je dois me taire une minute.

Pour que les conséquences logiques soient pleinement efficaces, il y a trois principes à respecter :

1. *Annoncer les conséquences* : prévenir avant de les appliquer, ne pas prendre par surprise.
2. *Éviter les conséquences disproportionnées, trop sévères ou trop laxistes.*
3. *Agir dans l'immédiateté* : ne pas laisser passer de temps avant d'appliquer une conséquence logique.

Rien n'empêche de réfléchir avec les enfants eux-mêmes aux conséquences logiques qui peuvent être appliquées en cas de transgression. Cela permet d'établir une complicité avec l'animateur, de les impliquer davantage dans le respect des règles de vie collective, de les responsabiliser et de donner plus de sens à ce qu'ils font. C'est tout à fait adapté dans le cadre d'une Communauté de réflexion, ou cela peut intervenir en amont de l'activité, au moment du rappel des règles.

Ou en aval, en tête à tête avec l'enfant fauteur de trouble, pris sur le fait. On peut alors lui poser la question : « Tu te balances sur ta chaise, nous avons vu que c'était dangereux. Je t'ai prévenu déjà plusieurs fois et ça n'a rien changé. Donc tu comprends que je doive te sanctionner. Mais, si tu étais à ma place, quelle sanction tu te donnerais ? », et réfléchir avec lui à une conséquence logique proportionnée qu'il ne vivra pas comme une injustice.

On peut imaginer ainsi, sur des fautes assez basiques, des conséquences logiques adaptées et s'en tenir là.

Mais elles sont parfois difficiles à mettre en place, notamment en réponse à des fautes graves. En effet, quelles conséquences logiques imaginer lorsqu'un enfant se bat avec un autre, l'insulte, le blesse, ou crache sur l'éducateur, ou détruit du matériel… ?

En théorie, il existe des conséquences logiques adéquates pour toutes les situations, mais leur mise en pratique peut, elle, être compliquée, voire impossible.

Dans le film *Les Choristes*, lorsque l'élève Le Querrec, à cause d'une mauvaise blague, blesse grièvement le Père Maxence (le vieux concierge de l'internat du *Fond de l'étang*), le pion Clément Mathieu imagine une magnifique conséquence logique, plutôt que d'infliger une punition à Le Querrec : il lui demande de s'occuper du Père Maxence durant sa convalescence.

De telles conséquences logiques, pour des fautes aussi graves, ne sont pas toujours possibles à mettre en place. Elles supposent que l'éducateur ait les enfants en charge sur le long terme, ce qui dépasse le cadre d'une journée d'accueil en ALSH[31].

Doit-on alors revenir aux punitions classiques : retrait, dispute, lignes à copier ? Nous avons vu que cela était contreproductif. La solution la plus efficiente sur le plan éducatif sera certainement la suivante :

---

[31] Accueil de loisirs sans hébergement.

La discussion bienveillante

L'objectif d'une sanction n'est pas :

1. De permettre à l'éducateur de se défouler voire de se venger.
2. D'obtenir réparation au sens d'une décision de justice : l'éducateur n'est pas un juge, et la sanction est mise en place sans procès.
3. D'humilier le fautif.
4. D'avoir quelques minutes de tranquillité.
5. De marquer le coup pour que « ça rentre ».

L'objectif d'une sanction est de faire respecter une limite posée préalablement (règles, lois) et d'aider le fautif à comprendre l'importance de cette limite (son propre intérêt et l'intérêt collectif), afin que cette limite ne soit plus franchie dans l'avenir.

La notion de « ne plus recommencer » est à la base de la sanction. Mais encore faut-il que, pour « ne plus recommencer », l'individu transgressif en ait compris les raisons, qu'il soit *motivé intérieurement* à « ne plus recommencer ».

Conséquemment, le recours à la punition n'est pas nécessaire au sens strict, et encore moins efficace, dans la mesure où elle est affranchie de toute explication, de toute réflexion, de tout sens…

Une discussion bienveillante, pour sa part, n'aura

que des effets bénéfiques. Les seules raisons que nous avons de ne pas y recourir plus souvent sont : le manque de temps, le manque d'implication personnelle et le manque de compétences pour le faire.

Tâchons au moins ici de pallier à la troisième de ces lacunes.

Une discussion bienveillante peut être définie comme une mini Communauté de réflexion que l'on mènerait en tête à tête avec un enfant ou un jeune. On peut donc se référer à la méthodologie du chapitre qui lui est consacré.

La différence cependant se situe sur le plan émotionnel. Une Communauté de réflexion est axée sur la recherche d'arguments rationnels, philosophiques, généraux. La discussion bienveillante s'engage sur un terrain plus *affectif*, intime. Ce qui ne veut pas dire qu'elle doit être intrusive ou qu'elle s'apparente à une forme de psychothérapie. Non, ce serait aller trop loin : notre formation ne nous y autorise pas.

Ce qu'elle n'est pas non plus, c'est une leçon de morale à l'ancienne. Sous prétexte d'une discussion ouverte, il ne faudrait pas que l'éducateur en profite pour asséner toute une série de dogmes non explicités sur ce qu'il considère être un comportement adapté, et qu'il culpabilise l'enfant, voire l'effraie sur les conséquences dramatiques que peuvent avoir ses actes. Ce n'est pas le but ici. Et si l'éducateur pense qu'il peut ainsi « ouvrir les yeux » d'un jeune ou occasionner une « prise de conscience », il se leurre. Dans la mesure où son auditeur n'aura pas été impliqué dans une réflexion personnelle et constructive, et qu'il n'aura été qu'un réceptacle infantilisé et stressé, tous ces arguments, aussi beaux soient-ils, seront sans effet ou ne passeront pas le quart d'heure[32].

La *morale*, c'est entendu, doit être enseignée. Il est préférable d'y réfléchir en groupe, sans stigmatiser quiconque.

Une Communauté de réflexion est un outil idéal pour aborder un sujet aussi complexe que celui de la morale :

- Qu'est-ce que la morale ?
- Qu'est-ce qu'agir moralement ?
- Qu'est-ce qu'un comportement immoral ?
- Immoral veut-il dire illégal ?
- Agir sans morale, est-ce faire le mal ?

Ce sont là des questions fondamentales qui pourront alors être posées.

Sur le plan pratique, la discussion bienveillante repose sur la mise en questionnement de l'enfant. Rappelons que *penser, c'est tenter de répondre à des questions*. Il n'y a pas de *réflexion* possible sur la base d'une affirmation qui ne répondrait pas à une question préalable que l'on se poserait, voire qui nous obséde-

---

[32] En vertu du vieil adage pédagogique de Confucius : « J'entends et j'oublie, je vois et je me souviens, je fais et je comprends. » Confucius (philosophe chinois du VIème siècle avant notre ère) qui a également écrit ceci : « Je ne cherche pas à connaître les réponses, je cherche à comprendre les questions. » Une autre citation qui nous servira.

rait.

On peut s'acharner à exposer les plus belles théories, si elles tombent dans l'oreille d'un individu qui ne se sent pas concerné, qui ne se préoccupe pas de ce sujet, qui ne se questionne pas à ce propos, cela, à l'instar de la leçon de morale, tombera à plat. Il est entendu en revanche que, en temps et en heure, tous les sujets doivent être portés à la connaissance des enfants, y compris ceux qui, *a priori*, ne les préoccupent pas. Ils ne se questionneront jamais sur des domaines de connaissance qu'ils ignorent, dont ils n'ont jamais entendu parler (me poserai-je la question suivante : « Picasso est-il un peintre cubiste ? » si je n'ai jamais entendu parler de cubisme dans ma vie ?). Donc, c'est important et c'est le rôle de l'école.

Pour ce qui concerne la discussion bienveillante, c'est une réflexion personnelle que nous recherchons, la question est donc centrale : elle va permettre à l'enfant de se sonder lui-même.

Au cours de mes ateliers de philosophie avec les enfants, je compare souvent la question à une pelle qui permet de creuser dans notre tête pour y dénicher des réponses qui s'y trouvent déjà, mais qui sont trop enfouies pour que nous y accédions. Les enfants ne réalisent pas toujours qu'ils savent énormément de choses, beaucoup plus qu'ils ne le pensent. Ce qui leur manque pour atteindre ces connaissances, c'est une méthode de recherche.

L'animateur d'une discussion bienveillante pourra garder à l'esprit cette métaphore de la question-pelle qui permet de sonder le cerveau.

Les étapes d'une discussion bienveillante

> Théo est un enfant pour qui il est toujours très compliqué de garder le contrôle de ses nerfs. Souvent affectueux, l'animateur peut connaître avec lui de vrais moments agréables de discussion et de calme, mais uniquement en tête à tête, sans la présence d'autres enfants. Bien qu'il soit de bonne volonté, et près à aider les autres, il arrive souvent à Théo de s'échauffer lorsqu'il joue avec ses camarades et de se montrer brutal. Suite à un mot de travers de Mehdi, un de ses coéquipiers de foot, Théo n'a pas hésité à lui donner un coup de poing en pleine figure. Mehdi a été sonné et a saigné du nez. Il n'a pas pu reprendre l'activité et a souffert de maux de tête tout l'après-midi. Les parents ont été appelés et sont venus le chercher pour l'emmener chez le médecin.

Dans ce genre de cas graves, une conséquence logique n'est pas évidente à trouver. Et quelle punition peut-on considérer à la hauteur de la faute ?

La seule conséquence logique possible est d'exclure Théo du jeu : « Tu mets les autres joueurs en danger : tu es éloigné des autres joueurs. »

On ne saurait s'en tenir là. Bien sûr, les parents seront alertés. Mais il est important aussi de pouvoir régler ce genre de problèmes en interne, c'est la mission des structures éducatives.

C'est ici que la discussion bienveillante prendra tout son sens.

Comment procéder ?

Une fois les esprits calmés, prendre l'enfant à part,

se poser dans un endroit rassurant, loin du bruit et de l'agitation. Créer un cadre propice à l'échange, non stressant, où l'on veillera à ne pas être dérangé et sans oreille qui traîne.

Poser des questions sans s'énerver et accueillir les réponses sans jugement, sans moralisation. Il s'agit juste d'essayer de comprendre les motivations et ressentis intimes de l'enfant, dans un premier temps, puis de l'aider à trouver par lui-même les solutions pour que cela ne se reproduise pas.

L'animateur procèdera en cinq étapes bien distinctes.

Étape 1. Évocation des événements.

Aider l'enfant à revenir sur les événements, à les remettre dans leur contexte en y apportant un regard extérieur. L'inciter à donner le plus de détails possible sur les circonstances et à resituer l'acte avec calme, impartialité, recul et honnêteté.

Pour cette première étape, on ne demande pas à l'enfant d'effectuer un travail d'introspection : on lui demande au contraire de raconter la scène *vue du dehors*, comme s'il n'en avait été que le spectateur, de s'en détacher émotionnellement pour y apporter un regard neuf et objectif.

Pour ce faire, on peut lui demander de jouer un rôle. Par exemple, de se mettre dans la peau d'un copain qui était présent au moment des faits, qui a tout vu, tout entendu, et de raconter ce qui s'est passé du point de vue de ce copain :

- Où est-ce que ça s'est passé ?
- C'était à quelle heure ?

- Qui était là ?
- Comment se sont déroulés les événements exactement ?
- Quels mots ont été échangés ?
- Quels gestes ont été faits ?

Par rapport à notre exemple :
- Te souviens-tu des mots que Mehdi a dits à Théo ?
- Te souviens-tu de ce que Théo a répondu ?
- Qu'a fait Théo ensuite ?

Voilà quelques questions qui peuvent être posées à l'enfant.

Étape 2. Analyse des émotions.

Inviter l'enfant à nommer et analyser les émotions qu'il a ressenties au moment des faits. Il s'agit de mettre des mots sur les émotions en jeu pour les comprendre donc apprendre à les maîtriser et ne plus les subir.

Pour rappel, tout être humain, quelques semaines après sa naissance, dispose de six émotions que l'on nomme « de base » ou émotions primaires : joie, colère, tristesse, peur, dégoût et surprise. Ces émotions sont innées, automatiques (on ne contrôle pas leur arrivée), universelles (partagées par tous les êtres humains, quel que soit leur lieu de naissance) et propres à tous les mammifères.

En grandissant, fruits de notre interaction avec les autres, de nouvelles émotions plus élaborées apparaissent, comme la honte, la fierté ou la timidité. Ces émotions secondaires, sociales, sont propres aux êtres humains, dont le cerveau est plus développé que celui des autres mammifères.

On peut noter que le cerveau émotionnel (appelé *système limbique*, même si le terme est un peu dépassé) se met en place avant le cerveau de la raison (*néocortex* : le grand cerveau, historiquement plus récent dans notre évolution)[33]. Le contrôle des émotions est impossible pour un bébé avant l'âge de 2 ou 3 ans.

La mémoire émotionnelle se développe avant la mémoire dite *explicite* (celle qui concerne les événements que nous vivons, appelée *mémoire épisodique*, et celle qui concerne les connaissances que nous accumulons, la *mémoire sémantique*). Autrement dit, nous ne gardons aucun souvenir autobiographique de notre vie avant 2-3 ans : la chute que nous avons faite de la table à langer à 10 mois, le jour où un chien nous a sauté dessus à 1 an, le soir où on a été oublié à la garderie à 16 mois, nos parties de cache-cache avec maman et papa, leurs câlins pour nous consoler lorsqu'il y a eu de l'orage le jour de nos 2 ans, etc. Tous ces événements n'ont pas pu être mémorisés en tant que tels de façon littérale.

En revanche, toutes les émotions que nous avons vé-

---

[33] Le cerveau émotionnel est apparu avec les mammifères, il y a cent cinquante millions d'années, le néocortex n'a que trois millions d'années d'existence, il serait apparu avec l'Australopithèque.

cues dans ces moments ont été enregistrées et classées dans notre amygdale, siège de la mémoire émotionnelle, à un niveau inconscient : la peur de la chute et celle du chien, la tristesse de s'être senti abandonné, la joie de rire avec nos parents et celle d'être cajolé et compris... Toute notre vie en sera imprégnée. Ce vécu émotionnel refoulé peut agir à long terme et laisser des marques négatives durables : phobie des chiens ou du vide, sentiment d'insécurité affective..., mais aussi des marques positives : joie d'être en compagnie des autres, confiance dans la relation affective... Le rôle de l'entourage est déterminant dans cette matière : un enfant dont on aura accepté et reconnu les émotions, et que l'on aura su apaiser et consoler, aura toutes les chances de devenir un adulte serein.

Historiquement parlant, ces six émotions primaires ont joué un rôle capital dans la survie humaine : elles ont permis à notre espèce de s'adapter aux situations et de s'unir pour subsister (les humains sont des animaux sociaux, il leur est impossible de survivre seuls).

Encore aujourd'hui, et sensiblement pour les mêmes raisons, ces émotions (grâce aux manifestations physiques qui les rendent identifiables, notablement sur notre visage) jouent un rôle primordial notre relation aux autres : les sourires de joie nous permettent, par exemple, de nous attirer la sympathie de nos congénères et de nous intégrer à un groupe. Les pleurs de tristesse favorisent la pitié, le pardon et la réintégration au groupe. La colère nous protège de certaines intrusions non désirables dans notre *cercle d'intimité.*

Savoir identifier et décrypter les émotions d'autrui

nous permet d'y apporter une réponse adaptée, d'entretenir des rapports en harmonie avec notre entourage, de nous intégrer à une vie sociale stimulante. Il s'agit d'une qualité naturelle essentielle dans la réussite de nos entreprises personnelles et professionnelles, aussi importante que nos performances intellectuelles pures.

Émotion particulière pour le rôle prépondérant qu'elle joue dans notre vie, la peur que nous ressentons face à un danger réel ou potentiel va déclencher une série de mécanismes intérieurs[34] dont l'objectif sera d'attaquer ou de fuir :

- l'irrigation des muscles en sang (notre visage pâlit et nos jambes sont prêtes à se mettre en action, notre capacité à raisonner est affaiblie),
- la sécrétion d'adrénaline (énergie pure qui va se focaliser dans notre cœur qui se met à accélérer),
- la production de sucre (énergie nécessaire aux muscles),
- l'accélération de la respiration (afin d'oxygéner le sang),
- la transpiration par anticipation (afin de refroidir le corps qui est censé se mettre en action pour attaquer ou fuir, ou se cacher),
- la dilatation des pupilles (afin d'engranger le plus d'informations possible).

En cas de stress (peur par anticipation) ou de peurs chroniques, cette mise en place physiologique cause

---

[34] Par l'activation du système nerveux autonome et du système neuroendocrinien.

des effets délétères sur notre organisme : problèmes cardiaques, problèmes immunitaires, diabète, surpoids... Il est donc particulièrement important de ne pas laisser l'enfant grandir dans une atmosphère traumatisante.

L'émotion est un processus chimique produit par notre corps. Nous ne sommes pas en mesure d'empêcher une émotion de survenir en nous – elle arrive de manière irréfléchie, automatique, impossible de se dire : « Je ne vais pas avoir peur » ou « Je refuse d'être joyeux ».

Nous vivons une émotion, ce n'est pas un choix.

Ce que nous pouvons faire, pour en garder une maîtrise relative, c'est l'accueillir lorsqu'elle survient, la laisser se manifester en nous, essayer de la reconnaître (par quoi suis-je submergé ?), de la nommer, de la définir, de situer les contextes qui peuvent la déclencher et d'analyser ses effets sur nous.

Rappelons que les aires du cerveau qui permettent de contrôler nos émotions (néocortex) ne sont pas celles de leur production (système limbique), et que ces aires de contrôle ne se développent qu'en second, par une mise en place progressive. Elles ne terminent leur maturation qu'à l'âge adulte. Il n'est donc pas possible à un enfant ou à un adolescent d'avoir la même maîtrise qu'un adulte de son ressenti émotionnel. Cette maîtrise ne se fait que graduellement, grâce à la bienveillance de l'entourage qui permettra à ces zones de se développer normalement (car, attention, rien n'est acquis avec notre cerveau : son développement est progressif, mais non obligatoire, une zone non stimulée ne se développe pas, son volume diminue).

Lors de cette étape d'analyse des émotions, un premier travail introspectif est mené avec l'enfant, mais uniquement basé sur les émotions engagées au moment des faits.

Dans ce cas, les questions que l'animateur posera à l'enfant pourront être :

- Peux-tu dire quelles émotions tu as ressenties ? Colères ? Tristesse ? Dégoût ?...
- Comment sont-elles arrivées en toi ?
- As-tu senti monter la colère doucement ou est-elle arrivée d'un seul coup comme une grosse vague ?
- Te souviens-tu du mot précis ou de l'action précise qui a déclenché ta colère ?
- Que s'est-il passé dans ton corps à ce moment-là ? Ton cœur s'est-il mis à battre très fort ? As-tu senti que tu devenais tout rouge ?

Étape 3. Analyse du ressenti.

Aider l'enfant à analyser son ressenti et ses pensées au moment des faits et après les faits.

Une fois que les émotions se sont manifestées, il en reste une trace en nous : des *sentiments* qui perdurent plus ou moins longtemps. Ils provoquent en nous des réflexions qu'il est possible alors de répertorier avec l'enfant :

- Est-ce que tu as pensé à quelque chose avant de frapper ?

- Est-ce que tu as pensé à quelque chose après avoir frappé ?
- Est-ce que ça t'a perturbé ?
- As-tu ressenti d'autres émotions, après ?
- Tu dirais que tu te sentais comment ? Bien ? Pas bien ?
- Es-tu encore maintenant dans le même état d'esprit qu'au moment où tu as frappé ?
- Qu'est-ce qui a changé en toi depuis tout à l'heure ?

Étape 4. Évaluation de l'action.

Permettre à l'enfant de commencer à rationaliser son action : à revenir dessus et à effectuer un travail d'*anticipation* des conséquences, un travail de projection qui lui permettra, par la suite, de prévoir quels effets peuvent avoir ses actes avant de commettre l'irréparable.

Dans les cas de grande colère, la raison doit être convoquée : c'est elle qui permet d'anticiper, de nous projeter dans l'avenir, d'émettre des hypothèses, de peser le pour et le contre et d'agir moralement.

Ces facultés d'imagination sur les conséquences possibles nous empêchent, parfois, d'accomplir des actes graves. En cela, un adulte bien structuré saura contrôler une pulsion violente envers une autre personne qui l'aura provoqué, notamment parce qu'il peut anticiper sur les conséquences éventuelles : blesser, tuer, être inculpé, aller en prison, perdre la garde de ses enfants, etc. Un adulte bien structuré, même très en colère, sera en mesure de ne pas agir contre son intérêt. Il saura aussi, au meilleur des cas, agir *moralement* : on ne frappe pas quelqu'un, on ne le blesse pas, on ne le tue pas, on ne l'instrumentalise pas, on ne l'envisage pas comme un moyen, mais comme une fin...

La maîtrise de tels comportements est aussi un travail sur soi. L'enfant doit être aidé dans la conquête de cette maîtrise qui fera de lui un être sociable, autonome (capable de lui-même de s'imposer des limites), que ces pairs prendront plaisir à fréquenter.

Quelques questions à poser durant cette quatrième étape de discussion bienveillante :

- Quelles ont été les conséquences de tes actes ? Pour toi ? Pour ton copain ?
- Ces conséquences auraient-elles pu être pires encore ?
- Imagine les pires conséquences, quelles seraient-elles ?
- Comment penses-tu que tu te sentirais maintenant si les pires conséquences s'étaient produites ?

Pour reprendre notre exemple : Théo doit être en mesure de comprendre et de dire, avec ses propres mots, que les conséquences pour lui et Mehdi auraient pu être bien pires. Mehdi aurait pu avoir le nez cassé par exemple. Mehdi et les autres ne voudront plus jouer avec lui s'ils ont peur de se faire frapper. Etc.

Étape 5. Recherche de solutions.

Rechercher, avec l'enfant, des solutions alternatives.

Quelqu'un me provoque => je me mets en colère => je réagis violemment => je le frappe.

Pour certains enfants (et adultes), ces événements sont liés par un lien nécessaire : ils pensent que les choses n'auraient pas pu se passer autrement. De sorte que, dans leur tête, les choses se résument ainsi :

Quelqu'un me provoque => je le frappe.

L'animateur doit encourager l'enfant à prendre conscience que ce raccourci est faux. Et qu'une réaction de violence n'est pas la conséquence *automatique* d'une provocation, mais que cela relève d'un *choix personnel* ou d'un manque de contrôle. La preuve en est que beaucoup d'individus n'en frappent jamais d'autres, y compris lorsqu'ils sont fous de rage.

D'autres réactions sont toujours possibles, il convient de les analyser :

- Penses-tu que tu aurais pu agir autrement ?
- Comment aurais-tu pu te défouler au lieu de frapper ton copain ?
- Penses-tu que tu serais capable, maintenant que tu as réfléchi, d'agir autrement dans les mêmes circonstances ?

On peut ensuite aller un peu plus loin et s'engager dans un véritable travail de prospection, en se demandant si notre vie ne pourrait pas être améliorée en se comportant de manière sociable et mesurée :

- Penses-tu que tu aurais des choses à gagner à ne pas frapper les autres ?
- Qu'est-ce qui pourrait être plus sympa dans ta vie

si tu ne frappais pas les autres ?

L'objectif sera d'aider l'enfant à trouver de nouvelles voies en créant de nouveaux circuits synaptiques dans son cerveau, de nouvelles options de solutions pacifiques à un problème, qu'il pourra envisager lorsqu'un événement du même type (une provocation qui met en colère) se reproduira dans l'avenir.

Une discussion bienveillante va augmenter le volume des aires de contrôle des émotions dans le cerveau de l'enfant – celles qui constituent le *cortex préfrontal*. En cela, elle l'aidera à ne pas perdre ses nerfs dans des situations difficiles, et à gérer les événements avec lucidité.

Théo, par exemple, en continuant sur cette voie d'analyse, de réflexion, d'anticipation et de prospection, aura le réflexe de se sonder intérieurement avant de céder à sa colère et de réagir par la violence automatiquement. De nouvelles connexions dans son cerveau auront été créées qui le conduiront vers des zones de rationalisation. Plus ces nouveaux chemins seront empruntés, plus ils deviendront accessibles et plus leur utilisation sera spontanée.

L'effet de cette discussion sera donc inverse à celui que pourrait avoir une punition en de telles circonstances. Disputé et puni pour avoir brutalisé un camarade, l'enfant régressera davantage et continuera d'autant plus à mal se comporter que les aires de contrôle et d'analyse de ses émotions auront été stoppées dans leur maturation par la punition (c'est le serpent qui se mord la queue, comme nous l'avons vu).

La suppression de privilèges

> Inès a 6 ans et adore bénéficier de l'attention des adultes. Elle sait généralement comment s'attirer les bonnes grâces de son entourage en se montrant serviable et affectueuse. Elle a tendance à accaparer les animateurs, par peur qu'on oublie qu'elle existe. Généralement, on lui confie de petites tâches à accomplir qu'elle exécute avec bonheur, consciente qu'il s'agit pour elle d'une occasion de se démarquer de ses camarades et de se rendre indispensable. On lui demande d'aller chercher du matériel, d'aider à installer l'atelier, autant de petites missions qui la valorisent et lui permettent de passer un moment privilégié avec l'animateur. Mais, de temps en temps, Inès a tendance à abuser, et considère ces privilèges comme un dû. Il peut même lui arriver de prendre ses aises et d'être trop familière avec l'animateur ou de ne pas l'écouter.

L'enfant réclame l'attention de l'adulte, il a besoin de sentir qu'on le perçoit comme un individu à part entière, que l'on respecte son identité et tout ce qui constitue son caractère unique. Bien que très attaché à la norme, il a besoin de sentir qu'on le différencie des autres. Pour le dire autrement, l'enfant aime établir une relation privilégiée avec l'adulte, et que ce dernier lui accorde un peu de temps et d'attention spécifiques. Ceci est absolument essentiel à sa construction psychoaffective et c'est aussi le rôle de l'animateur d'instaurer un petit rituel avec l'enfant visant à souligner son caractère unique.

- Cela passe par la verbalisation : l'animateur se donne le temps de prendre des nouvelles de l'enfant, de son travail à l'école, de ses bobos s'il y en a, il remarque un nouveau t-shirt, une nouvelle coiffure…
- Cela passe par des gestes affectueux mesurés (en insistant toujours sur le fait qu'il ne faut pas en abuser et que ces gestes ne soient jamais déplacés)…
- Enfin, cela passe par l'octroi de petits privilèges et responsabilités.

Un petit privilège est généralement un service rendu à l'animateur : distribuer les pinceaux, les gobelets, aller chercher les feutres dans l'armoire, être responsable du matériel, aider à installer une activité, etc. Elle met l'enfant en valeur, le responsabilise, le réincarne et le fait se sentir exceptionnel – distingué de la masse-groupe.

Éléments différenciateurs puissants, les privilèges sont très recherchés par les enfants et leur perte est vécue comme une véritable sanction, voire un drame.

Dans notre exemple, lorsqu'Inès passe les bornes, lui refuser un privilège pour l'accorder à un camarade sera une façon de la recadrer : elle comprendra que les autres enfants ont aussi le droit à des attentions particulières, que rien n'est dû et que tout n'est pas permis. Il y a fort à parier que cela suffira, sans en passer par une sanction.

Mais, comme l'animateur le fait lorsqu'il sanctionne

explicitement, il expliquera les raisons qui l'amènent à retirer le privilège. Et, comme pour la sanction, il n'agira pas dans la démesure. Il s'agit de ne pas tomber dans le chantage affectif. L'enfant fautif ne doit pas voir tout son monde s'écrouler lorsqu'il sort du cadre. Un retrait modéré, temporaire et explicité suffit ; il ne rompra pas le lien affectif si patiemment tissé entre l'animateur et l'enfant, et permettra de placer une limite en douceur.

On pourra dire à Inès : « Ce n'est pas parce que tu as droit à de petits avantages de temps en temps que tout t'est permis et que tu ne dois pas obéir comme les autres enfants lorsque je te le demande… »

Les renforcements positifs

On considère souvent Martin, 12 ans, comme le coupable idéal. Il est vrai qu'il est bruyant, agité et souvent dans les « mauvais coups ». Lorsqu'on demande le silence, il est le dernier à se taire, et a du mal à se plier aux règles collectives. Malheureusement, victime de sa mauvaise réputation, il est parfois accusé et puni à tort : sa présence à moins de dix mètres d'une bêtise commise par d'autres suffit à le rendre coupable ! Il vit très mal ces situations injustes sans vraiment les comprendre. Il a besoin d'attention cependant et adore qu'on le reprenne : ça prouve qu'on ne l'oublie pas. Donc, il a décidé de continuer, plus ou moins inconsciemment. Hier, il a passé les bornes et s'en est rendu compte. Alors aujourd'hui il a pris la décision de se comporter de manière exemplaire. Il ne voudrait pas que les animateurs finissent par le rejeter. L'activité se passe très mal et tout le groupe est agité, sauf lui. Il est attentif et calme. L'animateur l'a remarqué alors, pour reprendre son groupe en main, il attire l'attention des autres enfants sur le comportement de Martin: « Regardez Martin, il est calme et il écoute ce que je dis, il faudrait que tout le monde arrive à faire comme lui, vous pensez que c'est possible ? » Martin se sent valorisé d'être cité en exemple. Enfin, il attire l'attention en faisant autre chose qu'une bêtise. « Et si je continuais pour voir ? » se dit-il. Content de voir que Martin fait des efforts pour bien se comporter, l'animateur décide de lui demander un petit service. Martin a l'impression d'être enfin traité comme un grand.

A contrario de la suppression d'un privilège en cas de mauvais comportement, on peut renforcer un bon comportement constaté par l'octroi d'une prérogative, qui peut prendre la forme d'une marque d'attention ou d'un service particulier. On parlera alors de *renforcement positif*, par opposition à la punition.

Il est plus bénéfique de mettre l'accent sur ce qu'un enfant fait de bien (ne serait-ce que verbalement) plutôt que de toujours insister sur ce qu'il fait mal, ce qui a pour effet de le stigmatiser, voire le chosifier, dans une mauvaise attitude – comme Martin dans notre exemple : chosifié dans la posture de coupable habituel.

L'animateur ne doit pas hésiter à souligner le bon comportement d'un enfant, surtout lorsque c'est inhabituel. Un enfant agité comme Martin est un enfant qui réclame de l'attention, qui a peur d'être oublié ou pire encore : qui vit des angoisses de mort (un cadavre est immobile par définition, il ne bouge plus, ne crie plus, ne saute plus, ne court plus…). Mais il ne faudrait pas que cette « agitation » ne se transforme en une tendance à faire des bêtises, de plus en plus grosses, pour attirer une attention qu'il juge insuffisante et muer à l'adolescence en une série de comportements à risques, du type « défis Facebook[35] » ou de type *ordalique*[36].

Montrer à un enfant agité qu'on remarque sa présence et qu'on reconnaît son existence, même quand il se comporte de manière appropriée, même quand il se fait discret, calme ou silencieux, va l'encourager à continuer dans cette voie.

Qui plus est, mettre l'accent sur le bon comportement d'un enfant va agir par capillarité sur le reste du groupe. On parle d'*effet vicariant* : les individus du groupe, ayant constaté à plusieurs reprises les bénéfices tirés par un de leur pair à se comporter de manière adaptée (par l'octroi d'attention, d'une approbation verbale, de gratifications, de sourires…), vont être incités à adopter le même type de comportement

---

[35] Défis que les jeunes se lancent sur les réseaux sociaux et qui peuvent les blesser grièvement, comme se verser une casserole d'eau bouillante sur la tête.

[36] Conduites dangereuses pathologiques où le jeune risque sa vie. On ne connaît que trop le fameux « jeu du foulard ». On peut aussi citer le *binge drinking* (qui consiste à se mettre en état d'ivresse en un minimum de temps), certains sports extrêmes et autres addictions.

en espérant les mêmes effets.

Un renforçateur positif (même non verbal) est plus efficace qu'une sanction. Mais il s'agit davantage d'un travail de fond, répétitif, à long terme. Cela peut prendre du temps et réclame de la constance.

Il convient d'abord d'isoler la motivation qu'a un enfant à mal se comporter, car, s'il se comporte de telle façon, c'est généralement qu'il y trouve un intérêt : son attitude est renforcée par une conséquence agréable.

Le psychologue américain B.F. Skinner, théoricien du mouvement behavioriste, parle de *contingences de renforcement* : sans que l'éducateur en ait conscience, les réponses qu'il apporte aux comportements inadaptés de certains enfants les incitent à continuer.

> Perrine vit dans une famille nombreuse dont les deux parents travaillent beaucoup. Elle ne bénéficie pas suffisamment de moments privilégiés en tête à tête avec sa maman selon ses besoins. Au centre de loisirs, elle accumule les bêtises jusqu'à ce qu'on l'exclût des activités. Elle a remarqué que les réponses apportées à ses mauvais comportements par les animateurs étaient toujours les mêmes : on l'envoie dans le bureau de la directrice. Après lui avoir fait la morale et lui avoir demandé de s'asseoir sagement sur une chaise, la directrice lui demande d'effectuer quelques travaux pour l'aider et lui fait la conversation. Perrine est ravie.

Un enfant qui réclame de l'attention en faisant une bêtise et qui l'obtient, même si c'est par une réprimande ou une dispute (qui ne l'impressionne plus le moins du monde depuis longtemps), est encouragé à continuer à se comporter de la même façon. De même pour un enfant qui ne tient pas sur sa chaise plus de cinq minutes et qui sera puni en étant mis dans la cour où il pourra courir. Etc.

Pour faire évoluer le comportement d'un individu dans le sens souhaité, il faut supprimer la conséquence agréable en cas de comportement non souhaité :

- en identifiant les contingences de renforcement,
- en ne répondant plus aux comportements indésirables de la façon espérée par l'individu.

Skinner, influencé par les théories du psychologue Edward Thorndike, parle de *conditionnement opérant* : la conduite d'un individu est conditionnée aux conséquences positives ou négatives que vont avoir ses actions. En cas de conséquences positives, la conduite est répétée par le sujet ; en cas de conséquences négatives, elle est abandonnée.

Les travaux des chercheurs du courant behavioriste Becker, Madsen, Arnold et Thomas, sur plusieurs classes primaires américaines à la fin des années 1960, ont montré que c'est par la combinaison de deux facteurs que les résultats en faveur du développement de comportements adaptés sont le plus efficient :

1. L'éducateur doit cesser de relever les multiples manifestations de comportements non souhaités d'un individu x.
2. L'éducateur doit souligner les nouveaux comportements adaptés du même individu x, et lui faire

prendre conscience qu'il peut y avoir des conséquences agréables à bien se comporter.

Pour le dire autrement, il s'agit de ne plus focaliser son attention sur ce qu'un enfant fait mal, mais de se concentrer sur ce qu'il fait bien.

Enfin, prenons bien garde à ne pas rejeter certains enfants qui « posent problème » et créer autour de soi une petite cour de « bons éléments » disposant de tous les privilèges. Un enfant perturbateur a aussi besoin de se sentir responsabilisé et différencié des autres, non pas en tant que « perturbateur professionnel », mais en tant qu'individu disposant d'autant de qualités que n'importe quel autre. L'animateur professionnel ne doit jamais choisir la facilité en s'entourant uniquement des enfants qui lui simplifient la vie, il est là pour faire évoluer les comportements de tous les enfants.

Cette remarque est moins anodine qu'il n'y paraît. On voit trop d'*animateurs de cour*, entourés d'une petite coterie d'individus sans problèmes, pour leur confort, et rejetant systématiquement les perturbateurs. Un animateur, rappelons-le encore et toujours, est d'abord un éducateur. Sa mission éducative lui impose de se confronter à des situations parfois compliquées.

Vers une définition de l'éducateur bienveillant dans son autorité : la courbe de l'attitude dégradée et la pyramide des interventions

Voici deux outils simples d'utilisation pour obtenir des enfants le comportement attendu. Nous les abordons ensemble, car ils se complètent et leur croisement nous permettra de définir ce que l'on entend par éducateur bienveillant dans l'exercice de son autorité. Ils sont très efficaces et ne demandent aucune compétence particulière, sinon de la concentration – il suffit de bien les garder à l'esprit. L'éducateur aura tout intérêt à les adopter et les utiliser au quotidien afin qu'ils deviennent un automatisme.

L'attitude dégradée

Amélie est animatrice avec des maternelles depuis quelques années. Sa nature joviale et douce fait d'elle la favorite de la plupart des petits dont elle s'occupe. Ce qu'il y a d'étonnant chez elle, c'est sa faculté à se faire respecter et obéir sans jamais élever la voix. « Mais comment fait-elle ? » se demande Chloé qui, elle, débute et se laisse souvent déborder par les enfants. Aujourd'hui, Chloé est bien décidée à ne pas quitter Amélie des yeux pour percer son secret. D'accord, remarque-t-elle, sa collègue est attentionnée, mais elle aussi l'est. Donc il ne s'agit pas que de cela. Durant l'activité, Chloé remarque qu'Amélie ne « laisse rien passer » : dès qu'un enfant franchit la ligne jaune, même d'un tout petit orteil, elle le recadre avec douceur. Elle remarque aussi que les petits, qui connaissent bien Amélie maintenant, ont compris son fonctionnement et ne cherchent que rarement à s'aventurer dans les zones non autorisées. Ils ne la testent plus. Là où Chloé s'épuise à gérer des situations compliquées qu'elle a laissées dégénérer, Amélie est reposée, détendue, et peut reprendre les enfants avec sérénité sans jamais attendre.

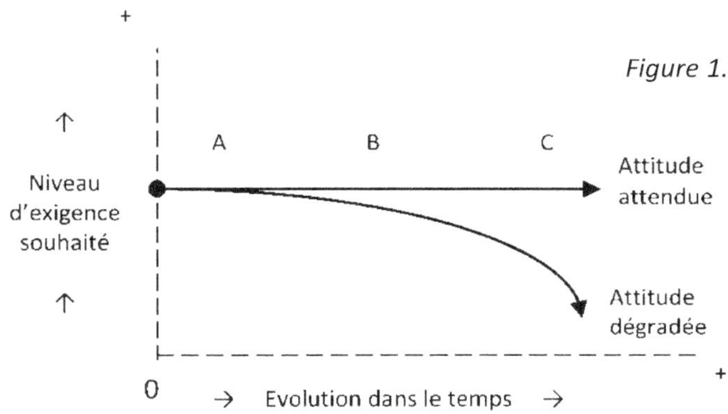

Un recadrage a toutes les chances d'être efficace s'il intervient à la base de la courbe, c'est-à-dire immédiatement (*figure 1*[37]*, entre le Point 0 et le Point A*). Plus on tarde, plus la situation se dégrade, plus la courbe est difficile à redresser et donc plus l'intervention risque d'être lourde et laborieuse.

Le Point 0 représente l'attitude idéale réclamée aux enfants : ils sont calmes, attentifs, détendus, participatifs, il n'y a ni tension ni perturbation. Ils ont intégré les règles et les respectent. L'idéal est de maintenir le groupe sur cette ligne droite durant toute l'activité. C'est rarement le cas, bien sûr. Un certain nombre d'événements interviennent toujours au cours de

---

[37] Schéma à télécharger gratuitement sur le site *labophilo.fr*.

l'animation qui viennent rompre cet équilibre, soit de l'intérieur du groupe (une tension s'installe entre deux individus, un enfant n'est pas motivé et déconcentre ses copains...), soit de l'extérieur (un bruit, une personne qui passe...). La concentration qui s'amenuise peu à peu, la fatigue qui s'installe, la faim peut-être aussi, sont autant d'éléments qui rendent compliqué le maintien en ligne droite de l'attitude attendue sur un laps de temps long.

Les Points A, B et C, symbolisent différentes perturbations et leur évolution dans le temps. Cela peut être progressif ou très rapide selon les cas.

Pour une bonne utilisation de la courbe, on ne doit pas négliger les *capacités d'attention* des enfants sur des tâches qui réclament du calme et une concentration soutenue, comme une activité manuelle minutieuse, certains jeux de société ou un débat. D'une manière générale, ces tâches ne doivent pas excéder une trentaine de minutes consécutives (un peu moins ou un peu plus selon l'âge des enfants) ; on peut les entrecouper de temps de pause de 3 minutes.

Il est nécessaire également de se référer aux *rythmes circadiens* : rythmes biopsychologiques des enfants sur une journée. Théorisés par le biologiste Franz Halberg, et développés par Hubert Montagner, psychophysiologue, on peut les résumer en quatre phases d'attention (sur la période jour) :

- 8h30/9h30 : période de faible vigilance.
- 9h30/11h30 : période de forte vigilance.
- 13h30/14h30 : période de faible vigilance.

- 14h30/16h30 : période de forte vigilance.

Les pics d'attention maximale se situent au centre des périodes de forte vigilance (aux alentours de 10h30 et 15h30). Il est donc souhaitable de mettre en place les tâches les plus complexes durant ces moments.

Ne pas tenir compte de ces facteurs risque de poser des problèmes de discipline : une situation est plus encline à se dégrader lorsque les capacités d'attention des enfants sont émoussées.

Le groupe des 4-5 ans est assis et écoute les consignes d'un jeu. Tout se passe bien, tout le monde est attentif (*Point 0*). Maël sort un élastique de sa poche et commence à jouer avec, il n'écoute plus (*Point A*). L'animateur n'a pas remarqué, en tout cas ne dit rien. Pourtant le petit jeu de l'élastique commence à intéresser les copains. On le regarde avec attention. Maël est très fier d'agiter son élastique devant tout le monde : ce petit objet anodin est une façon de se démarquer des autres et de narguer l'autorité de l'animateur. Omar et Lucie, plus téméraires que les autres, voudraient jouer eux aussi avec l'élastique et essaient de subtiliser l'objet des mains de Maël qui, évidemment, ne se laisse pas faire. Ça s'agite et le groupe des trois copains déjà n'écoute plus (*Point B*). Décidément, l'animateur est très distrait, ou alors il a mal organisé l'installation de son groupe (il ne voit pas tout le monde). Toujours est-il qu'il laisse faire. À présent, ça y est : Maël, Lucie et Omar sont rejoints par deux autres individus qui font valoir leurs droits à jouer avec l'élastique. Lucie arrache l'élastique des mains de Maël et les deux commencent à se disputer, d'abord discrètement, puis de plus en plus bruyamment, et ils en viennent aux mains : Omar repousse Lucie, Khadija, la meilleure copine de Lucie prend sa défense. Plus aucun enfant n'est attentif à ce que dit l'animateur : une moitié du groupe se chamaille, l'autre regarde, commente, prend parti… L'agitation est très grande, une bagarre éclate entre Khadija et Omar, Lucie est bousculée et se cogne. Elle pleure. Bref, la situation s'est dégradée (*Point C*), tout le groupe en est affecté.

Préserver la fluidité.

Au fur et à mesure que la situation se dégrade, la *fluidité* de l'activité se détériore et la nécessité d'une rupture s'impose – par des interventions de plus en plus appuyées, contraignantes et longues. L'objectif de l'éducateur bienveillant est de maintenir le maximum de fluidité possible dans le déroulement de l'activité et d'éviter toute brisure de rythme préjudiciable à l'humeur du groupe. Autant que possible, l'attention des individus doit être focalisée sur les enjeux de l'activité et le plaisir d'y participer, non sur la discipline et sur tout ce qui vient la contrarier. Le maintien de l'attitude du groupe sur une courbe oscillant entre le *Point 0* et le *Point A* a pour objectif de préserver cet état d'esprit positif fluide.

Point A : stade d'oscillation modérée.

Les microperturbations qui viennent gâter l'attention du groupe restent tolérables et peuvent être contrôlées sans recours à des mesures coercitives lourdes qui viendraient rompre le déroulement de l'activité. La fluidité est préservée.

À ce stade, une simple intervention gestuelle non verbale, type sourcils froncés, doigt tendu, ou petit coup sonore sur la table est encore possible pour maintenir le groupe dans l'attitude souhaitée. Dans notre exemple, il suffit de faire signe à Maël de remettre l'élastique dans sa poche – inutile de parler pour cela, le mime fera l'affaire.

Point B : stade de situation hypodégradée.

Les perturbations sont trop lourdes et ne permettent plus à l'activité de se dérouler dans de bonnes conditions. Il est nécessaire d'intervenir de façon ostensible, et de créer une rupture de courte ou moyenne durée.

Une intervention formulée verbalement est nécessaire, avec rappel des règles et annonce de potentielles conséquences : soit de manière *nominative* (à l'adresse d'un élément perturbateur identifié), soit *groupale* (à l'adresse d'un cercle de perturbateurs). Dans notre exemple, on demande à Maël d'apporter l'élastique et on lui explique pourquoi on doit le confisquer pour une durée déterminée. On demande à Lucie et Omar de se calmer et de rester à leur place.

Point C : stade de situation dégradée.

La situation s'est fortement détériorée et nécessite une rupture nette de moyenne à longue durée. Un *Reset* est nécessaire[38] à l'adresse du groupe dans sa globalité. Il prendra un certain temps, détournera l'attention du public des vrais enjeux de l'activité et

---

[38] Chapitre 2.

créera un grand trouble sur l'humeur générale.

Dans notre exemple, il faudra déterminer qui a bousculé Lucie et pourquoi. Un sentiment d'injustice s'installera certainement dans le groupe : « Omar a été sanctionné, mais c'est Lucie qui a commencé ! », « Lucie n'a rien du tout, elle pleure pour faire la maligne ! », « Khadija n'avait pas à s'en mêler, c'est elle la coupable ! », « Maël n'avait pas le droit de jouer avec son élastique, il fait toujours des bêtises et on ne lui dit jamais rien parce que c'est le chouchou ! C'est lui qui aurait dû être puni ! » Etc.

De son côté, l'animateur ne sera pas à l'abri de perdre son calme lui aussi devant tant d'agitation. Il aura le sentiment de ne plus avoir le contrôle, sentira son autorité bafouée, ce qui pourra le conduire à recourir à des sanctions disproportionnées, peut-être même partiales ; la situation n'en sera que pire. La réinitialisation d'un climat apaisé sera difficile.

Notons que les *interventions précoces* ont toutes les chances d'être bienveillantes. Dans notre premier exemple, Amélie ne se fatigue pas à gérer des situations gâtées par le temps, très énergivores. Dans la mesure où elle intervient toujours sur la courbe d'oscillation entre les *Points 0* et *A*, elle est sereine et détendue, ce qui facilite l'exercice d'une autorité bienveillante. Elle n'est pas énervée donc peu encline à crier ou à infliger des punitions exagérées. Elle l'est d'autant moins que les enfants la connaissent et savent qu'il ne sert à rien de la tester : elle les reprendra toujours. Sa douceur avec eux les encourage d'ailleurs à être gentils avec elle en retour et à vouloir préserver cette relation affective bénéfique pour eux (=> production d'ocytocine dans le cerveau + effet miroir).

Quelques astuces très simples peuvent permettre de prendre sans attendre le contrôle d'un groupe dans la douceur :

- *Installation dans le chahut du groupe dans la salle d'activité* : faire ressortir tout le monde et recommencer dans le calme – « Pour l'entrée dans la salle, je suis sûr qu'on peut faire mieux ! Allez, on va recommencer ! »
- *Inattention de quelques individus* : faire remarquer sa présence avec humour – « Bonjour, je suis là ! Tu ne m'avais pas vu ? Tu es très distrait, dis donc ! Comment vas-tu aujourd'hui ? »
- *Bavardages annexes* : réclamer l'attention – « Eh bien, vous en avez des choses à raconter aujourd'hui ! Ça tombe bien, j'adore qu'on me raconte des histoires ! Mais vous voulez bien qu'on en discute après ? »
- *Bâillements* : si quelqu'un bâille bruyamment sans mettre la main devant sa bouche, on peut le lui faire remarquer et lui demander de faire attention pour la prochaine fois – « Eh bien, dis donc, tu es fatigué ce matin ! Tu as le droit de bâiller, c'est naturel, mais est-ce que tu penses que tu arriveras à être discret la prochaine fois ? »

Quelques remarques non blessantes, faites avec humour, sur des manifestations sans gravité donnent le ton d'une animation et vont signifier aux enfants que l'animateur a les choses en mains et qu'il fixe la barre haut dans l'attitude qu'il attend du groupe.

C'est sur ce genre de détails que le groupe saura s'il peut déborder ou non. S'il sent d'emblée la maîtrise de l'animateur, il y a peu de chance pour qu'il se risque à aller très loin. Il faudra alors que l'animateur soit constant et cohérent, et qu'il tienne compte de la durée et de la difficulté de son intervention – rappelons que le maintien au *Point 0* sera compliqué sur un laps de temps long lors d'activités calmes qui demandent beaucoup de concentration ; de la même façon lors de jeux sportifs où les esprits risquent de finir par s'échauffer.

La pyramide des interventions

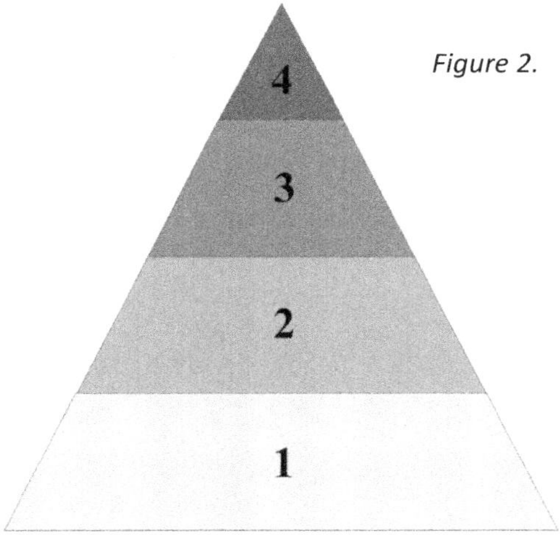

Figure 2.

Cette pyramide[39] (*figure 2*) rend visuellement compte du champ des interventions possibles qui se rétrécit progressivement à mesure que la situation se désagrège : plus on s'élève, moins d'options s'offrent à l'éducateur, et donc plus la situation se referme.

> Louise est une jeune stagiaire BAFA[40] de 18 ans qui connaît cet été sa première véritable expérience professionnelle avec des préados. Durant sa formation, l'accent a été mis sur sa timidité et sa difficulté à imposer ses décisions. Elle sait que la directrice du centre l'attend au tournant sur cette question. Elle est donc sous pression. Personne n'a pris le temps de la laisser prendre ses marques : dès le premier jour, elle a eu à gérer seule une balle aux prisonniers avec un groupe de dix enfants. Ça s'est très mal passé. Elle a été débordée par deux garçons réputés très durs. Ce sont eux qui ont pris les choses en mains. Ils ont fait l'arbitrage à leur avantage et brutalisé quelques copains. Au bout de vingt minutes, tout le monde était démotivé et envahi par un profond sentiment d'injustice. Pourtant Louise a le sentiment d'avoir fait ce qui lui a été demandé durant la réunion de préparation. La directrice avait été claire : « Surtout, imposez-vous dès le début. Il vaut mieux être sévère dès le premier jour parce que les enfants vont vous tester ! » Donc, d'entrée de jeu : Louise a froncé les sourcils, a affiché un visage déterminé, fermé, et a parlé à tout le monde en aboyant. Durant la balle aux prisonniers, elle a hurlé tout le temps et menacé les deux fauteurs de

---

[39] Schéma en version annotée à télécharger gratuitement sur le site *labophilo.fr*.

[40] Brevet d'aptitude aux fonctions d'animateur.

trouble des pires sanctions : expulsion, appel aux parents, convocation chez la directrice. Mais, comme elle avait peur qu'on dise qu'elle n'arrivait pas à gérer son groupe, elle n'a pas osé mettre ses nombreuses menaces à exécution. Louise est perdue, elle a pris en grippe les enfants qui ne lui obéissent pas. Le problème c'est qu'ils sont nombreux maintenant.

Zone 1 : interventions non verbales.

Cette première zone, à la base de la pyramide, représente tout un panel d'interventions peu contraignantes et donc utilisables facilement et fréquemment. Ces interventions de désapprobation sont exprimées de façon non verbale :

- *mimiques faciales* : rictus de la bouche, sourcils froncés, regard insistant…
- *manifestations gestuelles non bruyantes* : doigt tendu, doigt sur la bouche, main levée…,
- *expressions orales* : « Chut ! », « Tss ! Tss ! » (à éviter : les « eh » et les « oh »)…,
- *manifestations gestuelles bruyantes* : petit coup sur la table avec le doigt, clap avec les mains (à proscrire : les sifflements, les claquements de doigts, à réserver aux animaux domestiques)…

Ces interventions, adaptées aux âges du public (les gros yeux, pour un petit de 3 ans par exemple, peuvent être très traumatisants) sont en quelque sorte des « frappes chirurgicales », elles sont ciblées : elles s'adressent à un enfant perturbateur bien particulier et permettent de ne pas rompre le cours général d'une activité et sa fluidité. Elles doivent être fermes et remarquées. Il s'agit pour l'animateur de se montrer, de montrer qu'il n'est pas dupe de ce qui se passe et qu'il garde les yeux ouverts.

Deux erreurs à éviter absolument :

- Faire comme si on ne voyait pas qu'un enfant commence à perturber le groupe (et s'imaginer que les choses vont se solutionner d'elles-mêmes).
- Ne pas s'assurer que le perturbateur a remarqué le rappel à l'ordre de l'animateur (un contact visuel appuyé fait l'affaire).

Zone 2 : avertissements verbaux.

Dans cette deuxième zone, l'avertissement devient verbal. Ce n'est en rien une menace, mais un rappel des règles énoncées en début d'activité et des conséquences possibles.

« Attention, si tu continues, que va-t-il se passer ? »

Dans un premier temps, on peut se contenter d'avertir à distance (toujours en vertu du principe de préserver au maximum la fluidité et de créer le moins de ruptures possible dans le rythme de l'activité). Si cela ne suffit pas, dans un deuxième temps, on demandera au perturbateur de se déplacer jusqu'à soi, on le prendra à part pour lui demander de rappeler les règles.

Trois conseils :

- Éviter d'aller vers l'enfant dans ce genre de circonstances, mais préférer le faire venir jusqu'à soi afin qu'il soit bien conscient que l'animateur contrôle la situation. Ne surtout jamais l'agripper pour le faire venir, il doit venir de lui-même, sans con-

tact physique.
- Ne pas prendre l'enfant par surprise et le sanctionner sans l'avoir d'abord prévenu.
- Ne pas faire de cet événement un spectacle pour le reste du groupe qui serait soit humiliant pour le perturbateur, soit, au contraire, un moyen pour lui de faire rire les copains.

Zone 3 : mise en application des conséquences annoncées.

L'étau se resserre, le perturbateur a été prévenu, et la sanction est désormais inévitable : conséquence logique, application des sanctions prévues en amont lors du rappel des règles (carton jaune, carton rouge…), retrait pour une durée déterminée suivie, le soir, d'une discussion bienveillante…

Ces interventions sont plus pénibles et donc ne peuvent être multipliées à longueur de temps (à la différence des interventions du bas de la pyramide ; plus on s'élève, plus le champ se restreint), elles risquent de briser la relation bienveillante entre l'enfant et l'animateur.

Il est parfaitement possible que le recours aux sanctions prévues dans cette zone soit nécessaire. Mais l'animateur prendra garde à n'y recourir qu'après être passé par les *Zones 1* et *2* de la pyramide d'interventions. À moins, cas exceptionnels, que la gravité d'une situation l'exige : une bagarre que l'on n'aurait pas vue venir peut soudainement éclater entre deux individus (il ne serait plus cohérent à ce moment, de recourir à des interventions de *Zone 1*). En général, il y a toujours des signes avant-coureurs qui peuvent prévenir l'animateur qu'une situation va dégénérer. D'où l'importance du rappel que nous venons de faire : ne pas faire comme si on ne voyait pas, être toujours attentif et sur le qui-vive.

Un animateur qui recourt régulièrement à cette zone doit s'interroger sur la pertinence de son autorité.

Zone 4 : mesures exceptionnelles.

Le sommet de la pyramide est consacré aux interventions rarissimes et concertées : rapport à la hiérarchie, convocation des parents, expulsion du centre du jeune perturbateur, etc.

Ce recours est parfois nécessaire, mais il doit être accompagné – par le ou les supérieurs hiérarchiques : coordinateur, responsable de secteur, directeur ALSH... Il s'agit d'une décision non unilatérale, qui ne relève pas de la seule responsabilité de l'animateur. Dans le meilleur des cas, cette décision ultime doit s'inscrire dans un programme éducatif mobilisant l'ensemble des acteurs concernés. Dans tous les cas, un animateur ne doit jamais rester seul face à ce type de situations très compliquées, et doit réagir bien en amont.

À proscrire : la menace délirante.

La *Zone 4* est la zone des mesures exceptionnelles, pas celle des mesures délirantes, elle doit être annoncée dans les cas où elle est absolument indispensable, dans les conditions que nous venons de voir.

On entendra par *menace délirante* celle de recourir à

l'application de mesures disproportionnées le plus souvent irréalisables.

Quelques cas d'école de menaces délirantes déjà entendues :

- appeler la police,
- abandonner l'enfant quelque part : dans le cinéma, seul devant son assiette à la cantine…,
- abandonner l'enfant à une personne inconnue : au chauffeur de bus, à la dame du guichet du musée…,
- enfermer quelque part,
- attacher sur la chaise,
- scotcher la bouche,
- laisser seul le petit dans le dortoir,
- ne pas changer un petit qui a fait pipi sur lui…

Recourir à la *Zone 4* sous forme de menace délirante est à proscrire absolument, au moins pour quatre raisons :

- Elle n'aura aucune prise sur les individus qui posent généralement problème aux éducateurs. Ces éléments réputés « à problèmes » sont habitués à être menacés, disputés, punis de façon disproportionnée, malmenés, maltraités, etc. L'éducateur n'arrivera à rien par la menace de sanctions délirantes qui ne les impressionnent plus depuis longtemps – qu'on se souvienne du cas Pascal Mondain dans *Les Choristes*.
- La menace ne restant qu'une menace donc, par définition, non suivie d'effet, elle jouera le rôle de renforçateur des comportements non désirés au lieu d'être dissuasive – je perturbe le groupe => on me

menace => cette menace n'aboutit jamais => ça m'amuse => je continue à perturber le groupe[41].
- La menace individuelle ou collective sera traumatisante pour des enfants très jeunes et/ou qui sortent rarement du cadre – des enfants hypersensibles, timides... Elle sera dans ces cas à considérer comme pleinement maltraitante.
- La menace ne restant qu'une menace fait perdre toute crédibilité à l'éducateur.

Définition de l'éducateur bienveillant

Si l'on croise les *figures 1* et *2*, on peut définir un éducateur comme :

- *laxiste*, s'il recourt à des interventions trop douces de type *Zone 1* (*fig. 2*) alors que la situation est au *Point C* (*fig. 1*),
- *autoritariste*, s'il recourt systématiquement à des interventions de type *Zone 3* (*fig. 2*) alors que la situation n'en est qu'au *Point A* (*fig. 1*),
- *lunatique,* s'il permet à une situation de se dégrader sans intervenir jusqu'au *Point C* (*fig. 1*) et se met subitement à recourir à des interventions brutales de type *Zones 3-4* (*fig. 2*) sans annonce préalable.
- *délirant*, s'il recourt à des menaces irréalisables et à des interventions de type *Zone 4* (*fig. 2*) quelle que soit la situation.

---

[41] Cf. les contingences de renforcement.

- *bienveillant dans son autorité*, s'il recourt à des interventions de type *Zone 1* (*fig. 1*) lors de situations qui relèvent du *Point A* (*fig. 2*), du type *Zone 2* lors de situations qui relèvent du *Point B*, du type *Zone 3* pour les situations *Point C*, et ne recourt jamais à des mesures du type *Zone 4* sans en référer d'abord à sa hiérarchie.

*L'autorité de l'éducateur sera bienveillante si elle intervient de manière précoce (*figure 1, Point A*) et modérée (*figure 2, Zone 1*).*

Le cas de Louise, dans notre exemple, est hélas un classique. Il n'a pas été enseigné à Louise que l'autorité commence par la bienveillance. Des phrases comme « Surtout, impose-toi dès le début ! » sont typiques et mettent une pression redoutable sur les jeunes animateurs timides. Bien entendu, l'animateur doit montrer d'entrée de jeu qu'il contrôle, mais seulement en vertu de ce que nous avons vu dans les précédents chapitres – rappeler les règles, se montrer empathique (donc ouvert, souriant, agréable), être constant, cohérent, mesuré, respectueux des enfants... Louise, en recourant systématiquement aux sanctions du sommet de la pyramide, avec force hurlements pour s'imposer, confond autorité et autoritarisme à tendance délirante. Qu'elle ne s'y trompe pas : les enfants repèrent tout de suite la différence, y compris les plus petits. Et les enfants savent aussi ce qui relève de la menace et ce qui est réel. Ils savent ce que l'animateur peut faire et ne peut pas faire. En agissant ainsi, Louise perd toute crédibilité : elle se fait du mal et fait mal aux enfants qui ont besoin qu'un regard bienveillant soit posé sur eux pour progresser.

Un peu d'humour

Une note d'humour peut suffire à recadrer un perturbateur et se sortir d'une situation conflictuelle. On peut l'imiter par exemple pour lui montrer le ridicule de son comportement et lui faire prendre conscience de l'effet qu'il produit sur les autres (il ne s'en rend pas toujours compte), en veillant à ne pas être brutal ou humiliant : il ne s'agit pas de faire rire tout le groupe contre lui ou de se venger de lui en le « cassant » publiquement.

Mais un peu d'humour permet de dédramatiser une situation ou de faire un petit rappel à l'ordre en douceur. Surjouer une situation, par exemple, est d'une efficacité redoutable pour apaiser les tensions.

Sans toutefois en abuser et y avoir recours de façon automatique (car certaines situations critiques réclament le plus grand sérieux), il ne faut pas négliger l'importance du jeu dans l'animation. Tout animateur a intérêt à développer ses compétences d'acteur. « Faire le clown » peut lui permettre de surmonter une mauvaise passe, de créer des émotions positives, de recapter l'attention de son auditoire, de s'attirer sa sympathie et de faire passer quelques messages ou règles de bonne conduite.

Tout reste une question de moment et de dosage, mais les enfants ont besoin de sentir que l'animateur s'amuse et prend plaisir à être avec eux.

Porter un regard bienveillant

Dorian est un animateur chevronné. Il travaille en ALSH depuis 5 ans et les enfants apprécient son dynamisme et sa douceur. Il est entreprenant et propose des ateliers originaux, qui sortent souvent de l'ordinaire, auxquels les enfants sont contents de participer. Dorian est exigeant avec lui-même, il est rigoureux, a l'art de soigner les détails et il aime le travail bien fait. Ce n'est pas un *animateur de cour* : il n'est pas du genre à rechercher la facilité avec les enfants, il les accepte tels qu'ils sont, aussi n'hésite-t-il pas à prendre en charge les individus les plus difficiles. Mais cette fois, c'en est trop, Dorian ne supporte plus Jonas. Il s'agit d'un garçon de 10 ans avec lequel Dorian est habitué à travailler. La plupart de ses collègues ont pris l'habitude de ne plus l'accepter dans leurs activités. Il faut avouer qu'il n'écoute pas les consignes, teste toujours les limites, il provoque les autres, bref, il fatigue. Avec Dorian, plus patient et affectueux que les autres animateurs, Jonas fait l'effort de bien se comporter, il cherche à lui faire plaisir et à ne pas rompre ce lien affectif dont il a beaucoup besoin. Mais il lui est difficile de maintenir le cap durant très longtemps : ses mauvaises habitudes ont tendance à prendre le dessus. Alors Dorian, cet été, a fini lui aussi par se lasser. Aujourd'hui, suite à une nouvelle provocation, pour la première fois, il a refusé de prendre Jonas dans son groupe.

Comme nous l'avons dit à plusieurs reprises : les animateurs sont des êtres humains. Ils ont leurs limites. Travailler avec des enfants demande énormément de compétences et de vigilance. C'est un métier difficile qui peut être fatigant et qui peut lasser lorsqu'on ne s'y prend pas bien. Lorsqu'un animateur craque nerveusement, il ne lui est pas possible de s'enfermer dans un bureau en attendant que ça passe. Lorsque les enfants sont là, il se doit d'être sur le pont, actif et enthousiaste.

Un enfant est un être en mouvement, en évolution constante, qui a certes ses attributs propres et son caractère, mais qui doit l'essentiel de ce qu'il est à son entourage et à l'éducation qu'il reçoit. Il serait donc injuste de le rejeter parce qu'il ne correspond pas à l'image idéale qu'on se fait d'un enfant « sans problèmes ». Lui aussi mérite attention, respect et bienveillance.

Aussi est-il impossible de laisser une situation se détériorer avec un enfant : on ne peut pas le ranger dans un coin en attendant de s'en débarrasser le soir et on ne doit pas le maltraiter parce qu'il nous fatigue.

Dans des cas extrêmes où un individu franchit les limites, il convient de tout mettre en œuvre avec l'équipe éducative et les parents, pour que l'enfant puisse s'intégrer à la vie du groupe sans la perturber au-delà de l'acceptable (c'est-à-dire : sans mettre en danger les autres enfants par des actes violents, sans insulter, frapper ou cracher sur les animateurs, etc.).

Dans des cas, comme celui de notre exemple, où un enfant ne franchit pas ces limites, mais où il finit par lasser l'équipe éducative, un exercice de « Regard bienveillant » peut aider à renouer une relation affective et à trouver des solutions pour que la situation avec l'enfant redevienne supportable, voire agréable.

Dorian pourra, une fois calmé, se poser les questions suivantes :

- Quelles sont les qualités que j'apprécie chez Jonas ?
- Qu'est-ce qui m'épate chez lui ?
- Qu'est-ce que je trouve attendrissant chez lui ?
- Quand est-ce qu'il m'a fait rire ?
- Quand est-ce que je l'ai trouvé touchant ?

Toute personne, quel que soit son âge, a des qualités que nous pouvons lui reconnaître. Toute personne a en elle quelque chose susceptible de nous toucher et sur lequel nous pouvons nous appuyer pour construire une relation emprunte de sympathie. Ne parlons pas d'amitié, ce serait peut-être trop dire. Mais sans aller jusque-là, nous pouvons nous entraîner à reconnaître en l'autre des petites choses qui nous parlent ou nous touchent.

Il en est de même avec les enfants : certains d'entre eux nous seront plus proches naturellement, « sans effort », parce que nous avons une culture ou des valeurs communes qui facilitent notre relation, mais tous ont suffisamment en eux pour que nous puissions faire coïncider nos univers au moins sur quelques points et construire avec eux une relation plaisante.

Rechercher ces petits détails, ces petites qualités, ces petites particularités qui peuvent le toucher permettra à Dorian de porter de nouveau sur Jonas un regard bienveillant. Il est certain qu'à force de fatigue Dorian ait pu ne focaliser son attention (comme le font ses collègues) que sur ce que Jonas a d'agaçant. « Prendre en grippe » un individu ne consiste pas en autre chose : on ne voit plus en lui que ce qui nous énerve et on ne veut plus lui accorder de qualités ; tout est rejeté d'un bloc, le bon avec le mauvais.

Peut-être que Dorian ne trouvera pas toutes les réponses tout de suite. Mais ce n'est pas grave, son cerveau travaillera pour lui et les réponses viendront au fur et à mesure. Il pourra les noter sur une feuille. Il pourra aussi en discuter avec le reste de l'équipe et les inviter à réfléchir de la même façon pour réintégrer Jonas dans leur univers personnel.

Dans une seconde étape, quelques nouvelles questions pourront être posées, des questions plus concrètes dans l'objectif d'établir une sorte de *protocole de réintégration* :

- Dans quelles activités Jonas ne me pose-t-il jamais aucun problème ?
- À quel moment me suis-je lassé de lui ?
- Quelles petites actions puis-je mettre en place pour reconstruire une relation affective ?
- Quels petits défis puis-je demander à Jonas dont je

suis certain qu'il pourra relever ?

Le but sera alors de valoriser ce que Jonas fait de mieux et d'essayer de reconstruire une relation autour de ces réussites.

Par exemple : lorsqu'il est avec des enfants plus jeunes que lui, sur des activités calmes, Jonas se montre attentionné et il n'hésite pas à aider. L'animateur pourra mettre en valeur cette qualité et inciter Jonas à intervenir plus souvent avec les petits. Un lien pourra de nouveau se créer avec l'animateur qui prendra le temps de féliciter Jonas et de lui expliquer qu'il aurait tout à gagner à se comporter ainsi plus souvent.

Conclusion

Nous ne saurions terminer ce livre sans insister une nouvelle fois, quitte à nous répéter, sur les énormes responsabilités qui reposent sur les frêles épaules des animatrices et animateurs en charge de mineurs. Souvent très jeunes, non professionnels et peu formés[42], la société leur demande d'assurer l'éducation d'enfants qui n'ont parfois pas encore 3 ans avec tous les risques que cela suppose, et d'exercer l'un des métiers les plus difficiles, qui exige beaucoup de maturité, de l'expérience, une très bonne connaissance de soi et de grandes compétences pédagogiques.

Le présent guide a pour mission de les aider dans cette belle et noble mission, mais il ne saurait se substituer à une solide formation professionnelle.

Le diplôme ne fait pas tout, mais il est dommageable pour les jeunes, qui interviennent de façon ponctuelle ou permanente dans les structures qui accueillent un

---

[42] Notons que le BAFA n'est pas un diplôme professionnel, il est absolument insuffisant pour exercer le métier d'animateur sur le long terme.

public mineur, de ne pas avoir suivi un cursus qui leur permet de mesurer toute l'étendue, l'importance et la beauté de leur métier.

Les interventions que les animateurs mènent auprès des enfants portent sur ces derniers des marques indélébiles : ils participent pleinement de leur construction intellectuelle, affective et citoyenne. Il ne s'agit donc pas de prendre les choses avec légèreté. Mais il est du devoir des structures qui emploient les animateurs et, à travers elles, de l'État, d'assurer leur professionnalisation pour leur propre bénéfice et celui des mineurs qui leur sont confiés.

Au-delà de tous les merveilleux aspects des métiers de l'animation, que nous avons abordés dans un précédent ouvrage, il nous importait de développer plus avant le domaine de l'autorité sans laquelle toute action éducative, aussi pertinente soit-elle, sera vouée à l'échec. Nous ne devons jamais perdre de vue, en tant qu'éducateurs ou parents, que la façon dont cette autorité sera exercée encouragera ou stoppera le développement du cerveau de l'enfant, avec toutes les conséquences que l'on peut imaginer. Les plus récentes découvertes neuroscientifiques le montrent, comme nous l'avons vu. La bienveillance n'est donc plus à considérer comme une lubie pédagogique moderniste, mais comme une obligation qui doit s'inscrire au cœur des pratiques éducatives.

Les quelques outils que nous avons donnés dans cet ouvrage aideront à la mise en place d'une véritable éducation bienveillante. Mais il s'agira, pour beaucoup d'entre nous, de pratiques nouvelles que nous devrons prendre le temps de nous approprier.

Les enjeux sont assez importants pour qu'on s'y emploie. Adultes et mineurs ne s'en porteront que mieux.

Également disponibles

J'anime !

Quels sont les objectifs de l'animation socioculturelle ? Comment préparer son animation ? Quelles sont les techniques dont l'animateur dispose pour mener à bien sa mission éducative ? Que faut-il savoir en psychologie de l'enfant ? Comment se positionner devant un groupe ?

C'est à ces questions concrètes que ce guide pédagogique entend répondre avec clarté, de la manière la plus pratique possible.

J'anime un atelier philo avec les maternelles !

La Différence et l'identité

La collection *J'anime un atelier philo avec les maternelles !* du LaboPhilo propose, à tous les professionnels de la petite enfance, animateurs ou enseignants, un ensemble d'outils opérationnels, pratiques et faciles d'utilisation dans le domaine de la philosophie, adaptés aux contraintes des accueils collectifs de mineurs et des classes, pour une mise en place "clé en main" des ateliers.

J'anime des débats philo avec les maternelles !

Dans ces quinze nouvelles, éprouvées lors de nombreux ateliers philo, les petits auditeurs retrouveront des enfants de leur âge qui se posent des questions, tout comme eux, et qui, tout comme eux, n'ont pas toutes les réponses. Enseignants, bibliothécaires, éducateurs, animateurs ou parents, vous pourrez vous en servir aisément pour introduire une petite discussion, seul à seul avec l'enfant ou en groupe, autour d'une question philosophique.

Ma Biblio de philo

Tomes 1 à 4

Des histoires pour réfléchir à partir de 5 ans

Dépôt légal : mars 2019

Printed by Amazon Italia Logistica S.r.l.
Torrazza Piemonte (TO), Italy

11841211R00100